Inanna Ling

DER TANTRISCHE DREIER

Hinter den Kulissen eines Tantraseminars

WARUM GERADE DAS BUCH?

Ich begann dieses Buch zu schreiben, nachdem ich bereits zahlreiche Online-Seminare zum Thema „Der flotte Dreier" gegeben hatte, und merkte, dass die Theorie zwar hilfreich ist, die Praxisübungen jedoch nicht ersetzen kann.

Das positive Feedback sowie die Nachfrage der Zuschauer nach einer Vorführung oder einem Präsenz-Seminar stiegen mit jeder Veranstaltung. Und so empfand ich den Wunsch, mein Wissen in Buchform zu verpacken. Es soll dem Leser als Anleitung zur mutigen Erforschung der eigenen Sexualität dienen.

Ich biete dir eine geistige Reise in die Vorbereitung und den Ablauf dieses Seminars, die notwendigen Anpassungen währenddessen und das Feedback von Teilnehmern. Die praktischen Übungen, die wir in meinen Seminaren ausführen, bringen signifikante positive Änderungen ins Leben der Beteiligten, und ich hoffe, dass auch du, lieber Leser, liebe Leserin dich von diesem Buch zu neuen Erfahrungen anregen lässt.

Wenn du Fragen hast, schick mir eine E-Mail an mail@inanna-ling.de

Buchreihe "Sexuelle Freiheit".
1. Band: "Der Flotte Dreier"
2. Band: „Der Tantrische Dreier"
Beide Bände können unabhängig von einander gelesen werden.

© Inanna Ling

Bibliografische Information der Deutschen Nationalbibliothek:
Die Deutsche Nationalbibliothek verzeichnet diese Publikation in der Deutschen Nationalbibliografie; detaillierte bibliografische Daten sind im Internet über http://dnb.dnb.de abrufbar.

Erstauflage Februar 2023
2. Band der Buchreihe „Sexuelle Freiheit"

© 2023 Inanna Ling
www.inanna-ling.de

Lektorat: "Lektorat ist sexy" / www.lektorat-ist-sexy.de
Bild Umschlag © Inanna Ling
Zeichnungen: Alla Melnychuk und Inanna Ling

Herstellung und Verlag: BoD – Books on Demand, Norderstedt
ISBN: 9783734749360

INHALTSVERZEICHNIS

VORWORT 9
LEHRSTIL 11
   Der logische Lehrstil 12
   Der emotionale Lehrstil 15
   Seminarpreise 18
   Psychologie gegen Tantra 20
DIE VORBEREITUNG DES SEMINARS 23
DER PLAN: WAS LERNEN WIR? 26
WAS ERWARTET DICH? 27
SEMINARSTRUKTUR 28
   Tag 1: Vertrauen und Gruppenverschmelzung 28
   Tag 2: Dreier und Verhaltensregeln 29
   Tag 3: Vorbereitung zum Ritual 31
   Ritual 31
TAG 1: DER PLAN 34
   Vertrauen und Verschmelzung der Gruppe 34
      Wie erreichen wir diese Verschmelzung? 38
      1. Berührung 39
      2. Umarmungen 45
      3. Rhythmus 49
   Übungsbeschreibungen und die Gründe 51
      Optische Raster ausschalten 51

Händespiel *: Fühle die Hände, die dich berühren 52

Händespiel *: Teil 1 52

Händespiel *: Teil 2 54

Vorstellungsrunde 54

Augenspiel **: Öffne die Tore zu deiner Seele 57

Augenspiel **: Der Ablauf 60

Zusammenfassung der beiden Spiele 62

Weitere Spiele und Rituale in Kurzform 63

Frauen berühren Männer * 63

Männer berühren Frauen * 63

Die magische Tierwelt * 63

Der tantrische Knoten ** 64

TAG 1: DIE REALITÄT 66

Der Start 73

Händespiel * 73

Bodyflow * 74

Trinkpause 75

Frauen berühren Männer * 76

Männer berühren Frauen * 77

Das gemeinsame Duschen 78

Die magische Tierwelt * 79

Der tantrische Knoten ** 84

TAG 2: DER PLAN 87

Der Plan zur Erinnerung: Dreier und Verhaltensregeln 87

Tag 2: Die Realität, Reinigung 89

- Die Spirale *** 92
- Die Entstehung der Spirale 92
- Die Warme Dusche *** 98
- Ritual: Shiva geht auf die Reise ** 105
- Erklärung des Sinns des Rituals „Shiva geht auf die Reise" 109

TAG 3: PLAN VERNICHTET 110

- Tag 3: Die Realität, Bonding 111
  - Die tantrische Verschmelzung und Orgasmus 111
- Tag 3: Die Theorie 113
  - Körper 114
  - Geist 116
  - Die Seele 116
  - Die Wünsche unserer Seele sind heilig 119
  - Die Trio-Symbiose 120
- TAG 3: Die Praxis der Befreiung und Verschmelzung 123
- Hier ist die Bonding-Ausführung 126
  - Bonding, die Realität 129
- Der Vortrag über unsere Gefühle 134
  - ANGST 135
  - WUT 136
  - TRAUER 137
  - Freude 137
  - Scham 138
  - Kartenziehen „Die Kraft der Göttinnen" 143
- Die tantrische Welle, beschreibung 150

TAG 4: SPIELEN 158

   Tag 4 war der Spieltag. 159

SCHLUSSWORT 164

ÜBER DIE AUTORIN 166

ZUSATZINFORMATIONEN 168

   Tagesablauf als Beispiel für Organisatoren 168

   Feedback von Teilnehmer 169

   Links und Kontaktdaten 173

   Nach dem Seminar ist vor dem Seminar 174

      Meine Vision und Mission 174

      Haftungsausschluss 177

VORWORT

Tantra ist die Physik der Sexualität und bildet in allen meinen Seminaren die Grundlage. Das Ziel ist es, die sexuelle Verschmelzung zu erreichen und den Teilnehmern auf diese Weise den Weg zu weiteren spannenden Experimenten mit ihrer Sexualität zu ebnen.

Unsere Sexualität hat einen viel größeren Einfluss auf unseren Alltag als es in der Gesellschaft angenommen und akzeptiert wird. In diesem Buch zeige ich hin und wieder übergreifende Beispiele und Vergleiche aus unserem täglichen Leben, die in Verbindung mit unserer Sexualität stehen. Ob wir über eine Ausbildung, Autobahn oder unser Essen reden, für mich sind die Verknüpfungen zum Sex immer vorhanden.

Ich beschreibe, wie ich das Seminar der flotten Dreier vorbereitet habe, und wie daraus ein Tantraseminar geworden ist. Die Vorbereitungen waren strukturiert und emotionslos, die Umsetzung wurde aber sehr spannend und etwas ganz Anderes als vorgenommen.

Die Intensität und den emotionalen Einfluss der Übungen oder Rituale habe ich mit Sternen gekennzeichnet.

* Die Übung ist leicht auszuführen und emotional eher zum Aufwärmen oder für zwischendurch geeignet.

** Die Übung ist relativ einfach in der Ausführung, weist aber eine stärkere emotionale Wirkung als jene mit einem Stern auf.

*** Die Übung ist emotional tiefgreifend. Nach dieser Übung wird immer eine längere Pause benötigt. Sie kann emotionale Blockaden ins Wackeln bringen.

LEHRSTIL

Jeder Lehrer oder in dem Gebiet Guru genannt, bringt eigenen Still und eigenen Charakter in die Lehre die er weitergibt mit. Deswegen ist es sehr wichtig das der Lehrstill und Guru-Persönlichkeit im Anklang mit dir als Teilnehmer ist.

Hier erkläre ich dir zwei Lehrstillrichtungen mit den Vor- und Nachteilen von beiden. Das ist nur eine Richtung ohne Details. Da ich noch keine passende Namen für die beide Stills gefunden habe, werde ich sie selbst benennen.

Ich würde es logischen und emotionalen Lehrstill nennen, den die beide Wörter beschreiben eigentlich die gegengesetzliche Richtung und dennoch sprechen uns in unterschiedlichen Lebenssituationen beide an.

DER LOGISCHE LEHRSTIL

Der logische Lehrstil bringt, wie der Name schon sagt, eine logische, strukturierte Abfolge des Wissens mit sich. Ähnlich wie an der Uni, Schule oder bei einem Lehrgang. Das Resultat des Gelernten wird anhand einer Prüfung festgestellt. Dies spiegelt auch die Qualität des Lehrers wider. Ein hoher Notendurchschnitt beweist in erster Linie, dass der Lehrer es geschafft hat, das Wissen effektiv zu vermitteln. Ob die Teilnehmer es am Ende nutzen, bleibt ihnen überlassen.

In der Speaker-Szene zum Beispiel wird die Anwendung des Gelernten oft als Qualitätsmerkmal genutzt, um neue Kunden anzuwerben: „38 Personen aus den Top 100 sind aus meiner Schule." Das heißt, dass sie das erworbene Wissen gut angewendet haben. Vielleicht sollten die Lehrer unter euch sich das als Anregung nehmen.

Einer der Vorteile dieses Stils ist die Tatsache, dass unser Gehirn voll gefordert wird. Die damit einhergehenden Anstrengungen setzen neue Reize. Das neuronale Netz verändert sich, es bilden sich neue Verbindungen unter den Nervenzellen. Das optimierte Netz kann das Wissen in Zukunft einfacher durchleiten oder kombinieren. Es ist wie der Bau einer neuen Straße: Eine kleine Strecke, die zwei Autobahnen verbindet, bringt uns manchmal schneller ans Ziel als das Errichten einer neuen Autobahn.

Ein anderer Vorteil ist das Erfolgserlebnis, das durch das Erreichen des Ziels entsteht und somit das fördernde Ich-habe-es-geschafft-Gefühl erzeugt.

Der Teilnehmer bekommt ein Zertifikat oder Diplom, das seinen Fortschritt festhält, und kann es allen zeigen oder an die Wand hängen. Man kann seine Qualitäten bei der Suche nach einer neuen Arbeit mit dem Dokument bestätigen. Das macht einen guten ersten Eindruck aus.

Je schwieriger die Ausbildung gewesen ist, desto stolzer präsentiert man das Zertifikat oder Diplom, um persönliche Besonderheiten hervorzuheben. Sinngemäß: „Ich habe das Zertifikat oder Diplom, was mich zu einem besonderen Kandidaten macht und meine Wertschätzung erhöht: **Mehr Geld, mehr Anerkennung, mehr Einfluss.**"

Also merken wir, wie viel von diesem Stück Papier abhängt. Und da melden sich schon die Nachteile wie von selbst.

Macht uns ein Stück Papier wirklich aus? Sind wir etwas Besseres, weil wir es besitzen und die anderen nicht? Sagt es aus, dass wir in der Lage sind, das Wissen korrekt anzuwenden, oder zeigt es nur, dass wir es "irgendwie geschafft haben"?

Der logische Stil bringt zwar Struktur ins Lernen, ignoriert jedoch unsere Tagesform und die aktuelle Aufnahmebereitschaft, die Lehre zu empfangen. Auch unsere Lerngeschwindigkeit ist nicht immer die gleiche und variiert in Abhängigkeit von den jeweiligen Lebensgegebenheiten. Es kann durchaus vorkommen, dass Emotionen die Aufnahme des Wissens blockieren. Doch das aufgestellte Programm kann keine Rücksicht auf die emotionale Lage jedes einzelnen Teilnehmers nehmen. Aber was geschieht, wenn jemand mit dem Lernen nicht hinterhergekommen ist und das Programm abbricht? Hat es etwas mit den falsch gesetzten Prioritäten zu tun? Ist man nicht schlau genug? Oder ist der Abbruch sogar ein Zeichen des Mutes?

An dieser Stelle kommt der emotionale Lehrstil ins Spiel.

DER EMOTIONALE LEHRSTIL

Hierbei steht die emotionale Bereitschaft der Teilnehmer, das Wissen aufzunehmen, im Vordergrund. Das heißt, erst wenn die Gruppe oder die einzelne Person bereit ist, zuzuhören, kann das Wissen transportiert werden.

Der Vorteil dieser Methode liegt auf der Hand. Wir lernen so viel, wie wir im Augenblick verarbeiten können. Das Programm wird sehr flexibel gestaltet. Die Schwierigkeitsstufe der Übungen wird der Aufnahmefähigkeit der Teilnehmer angepasst. Wenn die Gefühlsautobahn frei ist, erhöhen wir die Geschwindigkeit; bildet sich ein emotionaler Stau, fahren wir langsamer. Manchmal muss die Übung sogar gestoppt werden, sodass wir uns zuerst um die Auflösung des emotionalen Staus kümmern können.

Dies ist keine einfache Aufgabe für den Guru. Je mehr Personen am Seminar teilnehmen, desto mehr unterschiedliche emotionale Lagen sind vertreten. Da gilt es, behutsam vorzugehen, um niemanden mit den Aufgaben zu überfordern.

Das Ziel des Gurus soll sein, das Wissen so zu vermitteln, dass die Teilnehmer es möglichst unkompliziert in ihr Leben integrieren können. Sobald die Teilnehmer Veränderungen wahrnehmen, steigt der Spaß am Lernen ganz von selbst. Die Veränderungen beginnen und der Spaßfaktor steigt auch nach dem Seminar oder Lehrgang kontinuierlich.

Alles in unserem Leben scheint sich plötzlich nach uns zu richten. Wir übertragen unbewusst die emotionale Befreiung vom Seminar in unser Leben. Wir entmüllen und bereinigen unsere Emotionen und atmen mit jeder neuen Aktion freier.

Die Nachteile des emotionalen Lehrstils stellen die Rückseite der Vorteile des logischen Lehrstils dar.

Wir können nicht sagen: „Ich habe das Programm geschafft, also bin ich was Besonderes." Denn das Programm hat sich uns angepasst. Dadurch dass die Strukturen fließend sind, kann man seinen Erfolg nicht mit einem Zertifikat kennzeichnen. Es könnte höchstens ein Teilnahmezertifikat ausgehändigt werden. Ohne Stufen wie "Meister dritten Grades" u. Ä. wie bei anderen Ausbildungsystemen. Es ist bei solchen Zertifikaten auch nicht immer klar, ob eine Drei besser oder schlechter ist als eine Eins? Um es richtig einzuordnen, muss man wissen, wie das Bewertungssystem in diesem Fall aufgebaut ist.

Bei der emotionalen Führung ist niemand besser oder schlechter als die anderen. Alle merken sich den Lernstoff gleichermaßen gut und sind damit glücklich.

Es gibt kein Zertifikat zum Angeben, was zur geringeren Bereitschaft der potentiellen Teilnehmer führt, für das Wissen, das ihnen im Laufe eines Seminars vermittelt wird, zu zahlen.

Das Fehlen des Zertifikats bedeutet, dass wir unsere Wertschätzung und damit auch Geldfluss, Anerkennung und Einflussnahme nicht direkt steuern. Und alles, was wir nicht direkt steuern können, wollen wir auch nicht groß bezahlen.

SEMINARPREISE

Deswegen ist die Bereitschaft für ein Online-Seminar „Wie verkaufe ich am schnellsten?" höher als für ein Tantraseminar, das das Leben verändert.

Demzufolge, wenn ein Guru hofft, von Teilnahmegebühren eines Tantraseminars leben zu können, wird er nicht drum herum kommen, jeden potentiellen Teilnehmer überreden zu müssen. Das erfordert enorm viel Kraft und dann muss noch ausreichend Energie vorhanden sein, um die Gruppe emotional zu leiten. Wenn der wirtschaftliche Aspekt bei Seminargestaltung die Führung übernimmt, bekommt man nicht selten Seminare angeboten, die das Gefühl vermitteln, es gehe dem Lehrer nur um das Geld. Eine Zwickmühle, die auf beiden Seiten nachvollziehbar ist.

Gerade bei Tantraseminaren, wo das Spiel der Emotionen im Vordergrund steht, sind die Teilnehmer empfindlicher, was die Bezahlung angeht. Denn das Ungleichgewicht im Inneren des Teilnehmers ("Geld ist schmutzig") vereinbart sich schwer mit der Feststellung, dass für das Wissen über unsere Emotionen, Gefühle und Berührungen auch ein Betrag verlangt werden darf. Und weil es so wenig Tantralehrer gibt, darf dieser auch mal höher liegen als bei einem Online-Seminar "Wie verkaufe ich richtig?".

Das Thema spreche ich hier bewusst an, weil diese Fragen sowohl bei Teilnehmern als auch bei Lehrern immer wieder heiß diskutiert und wie auf einem Basar verhandelt werden. Dabei stelle ich hier eine offene Frage: Was ist dir dein Glück wert?

Der Guru sagt: „Ich habe das Wissen, was dich glücklich machen kann, und wünsche mir, dass meine Fähigkeiten gewürdigt werden."

Der Teilnehmer sagt: „Ein paar Tausend Euro für ein Seminar mit einem ungewissen Ausgang sind mir zu risikoreich, wo ich mir doch auf YouTube kostenlose Videos anschauen kann."

Gibt es für unser Glück eine Preisliste zur Orientierung?

In diesem Buch zeige ich euch, welche Arbeit hinter so einem Seminar steckt, und dass diese ohne Leidenschaft nicht zum erwünschten Erfolg führen kann.

PSYCHOLOGIE GEGEN TANTRA

Psychologen werden für die Analyse unseres Verhaltens von Krankenkassen bezahlt. Sie können unsere Schwächen gut erkennen und die Ursachen herausfinden, aber wer kann uns zeigen, wie es richtig geht? Wie finde ich, was für mich richtig ist? Wo kann ich es ausprobieren?

Als ich in der Tantralehrer-Ausbildung war, hatten wir einen älteren Assistenten, der über 25 Jahre lang als Psychologe und Psychiater gearbeitet hatte. Er sagte mir, dass Psychologie gerade dort an ihre Grenzen stöße, wo Tantra den Horizont erweitere. Gemeinsam bilden sie ein mächtiges Instrument. Es ist so ähnlich wie Schulmedizin und Alternativmedizin. Es wäre toll, wenn diese, anstatt sich zu bekriegen, doch die Vorteile voneinander nutzen könnten. Denn Krebs kann nicht mit Kräutern geheilt werden und bei Schnupfen muss man nicht gleich ein Antibiotikum schlucken. Alles hat Vor- und Nachteile. Wir müssen lernen, uns orientieren zu können, was wofür das Richtige ist.

So auch beim Tantra und allen Sexcoachings: Man kann Berührungen nicht bei einem Psychologen lernen und man bekommt beim Tantra keine Psychoanalyse erstellt. Am besten wäre eine Kombination aus beidem. Deswegen muss ein Tantralehrer wenigstens die wichtigsten Grundlagen der Psychologie kennen, ansonsten begibt er sich auf ein sehr dünnes Eis. Wenn die Unwissenheit des Seminarleiters zusätzliche Verletzungen verursacht, anstatt die vorhandenen zu mildern, ist es eine traumatische Erfahrung, die zum Misstrauen gegenüber allen Tantralehrern führt, was ich sehr gut nachvollziehen kann. Vielleicht hilft dir dieses Buch dabei, ein bisschen Licht in die Dunkelheit zu bringen.

Fazit:

Einem wird schnell klar, dass der emotionale Lehrstil eine nicht zu unterschätzende Herausforderung für den Guru darstellt. Beim logischen Lehrstil muss man sich lediglich seine Lehrmethoden festlegen und diese dann routinemäßig vortragen. Beim emotionalen Lehrstil ist der Guru permanent gefordert. Er muss sich an die Gruppe anpassen und die Bedürfnisse jedes einzelnen Teilnehmers im Auge behalten.

Wie man sieht, hat jeder Stil seine Vor- und Nachteile. Der eine gibt mehr Struktur, der andere achtet mehr auf Emotionen. Beide haben das Ziel, Wissen zu transportieren.

Deswegen ist das Ziel wichtiger als die Methoden. Jeder sucht sich die passende Methode wie beim Lehren, so auch beim Lernen. Die Herangehensweisen können in unterschiedlichen Lebensphasen kombiniert werden. Wenn man jung, energiegeladen und mit wenig Verpflichtungen durch das Leben geht, kann man in dieser Phase mehr Wissen aufnehmen und z.B. ein Studium anfangen. Wer berufstätig und in einer Partnerschaft ist und dazu noch Kinder hat, hat weniger Zeit, sich mit Wissensstrukturen zu befassen. Das Wissen sollte sich der Lebensstruktur anpassen. Das emotionale Aufräumen in der festen Lebensphase sollte eher gefragt werden.

Als Guru kann man von der Kombination aus beiden Stilen profitieren.

Ich zum Beispiel plane Strukturen und Ziel des ganzen Seminars und setze mir Zwischenziele für die einzelnen Tage. Je nach Bereitschaft der Teilnehmer passe ich die Übungen im Laufe des Seminars an, das Ziel bleibt allerdings unverändert.

Speziell in diesem Beispielseminar ist nahezu alles „schief gelaufen", sodass ich sogar die Tagesziele ändern musste. Wie genau alles abgelaufen ist, erfährst du, lieber Leser, aus den nachfolgenden Kapiteln.

DIE VORBEREITUNG DES SEMINARS

Die Livestreams, die zahlreichen Likes unter den Videos, die Kommentare, die Fragen der Zuschauer, all das schrie nach einem Seminar mit praktischen Übungen. So nahm ich mir das Thema des flotten Dreiers ins Visier und kündigte das Seminar "Der flotte Dreier" an.

Teilnehmerzahl

Am Anfang dieses Seminars hatte ich über 30 Anmeldungen. 30 ist für gewöhnlich die Teilnehmerzahl, die ich emotional zu fühlen und zu führen in der Lage bin.

Bei Paaranmeldungen kommt es immer wieder vor, dass ein Partner aus irgendeinem Grund gehindert ist und der andere aus Solidarität auf die Teilnahme verzichtet, was natürlich absolut verständlich ist. Deswegen schalten wir immer ein paar Teilnehmer mehr als 30 frei.

Organisation

Bei Organisation eines Tantraseminares muss an alles gedacht werden, was Ablenkung der Teinehmer im Seminar hervorrufen könnte, angefangen mit der Zeitkontrolle bis hin zum Handykonsum. Jeder noch so kleine Ablenkungsfaktor beeinträchtigt die Qualität des Seminars.

Im Seminarhaus, wo meine Seminare stattfinden, gibt es kaum Netzempfang und W-LAN wird auf meine Bitte hin für die Teilnehmer nicht freigeschaltet. Wir bitten auch, die Uhren abzulegen, denn hier übernimmt unser Zeitdienst die Kontrolle und geht ca. 10 Minuten vor jedem neuen Block mit den Zimbeln durch die Gegend und die Gänge des Hauses. Alle lernen, sich auf das intuitive Zeitgefühl zu verlassen. Und das funktioniert erstaunlicherweise gut.

Kosten für Seminar-Accessoires

Auch die für die Seminargestaltung notwendigen Kosten dürfen nicht aus der Acht gelassen werden. Assistenten, Raummiete, Ritual-Accessoires für den Fall, wenn jemand etwas vergisst: Massageöle, Lungis, Platzdecken, Augenbinden, Unterlagen, Raumschmuck, Sauberkeit des Raums usw. Im Seminar sollen die Teilnehmer frei von Sorgen sein und sich nur auf das Lernen und Fühlen konzentrieren.

Wann ist das Ziel erreicht?

Die Teilnehmer sollten dieses Seminar als Dreier-Profis verlassen, um sich dann voll und ganz in den Genuss des Lebens zu stürzen. Bei einem anderen Seminarthema werden andere Ziele gesetzt.

Bewegkraft des Seminars

Genuss steht bei mir immer im Vordergrund. Wenn bei den anderen Lehrern zum Beispiel Disziplin als Bewegkraft den Vorrang hat, liegt meine Stärke im Genuss. Ich bin der Meinung, dass man mit Genuss mehr erreichen kann als mit Zwang. Meine Führungsphilosophie lautet: Mach es mit Spaß oder lasse es sein.

Wenn dir etwas keine Freude bereitet, dann finde heraus, warum, und mach es zu deinem Spaß. Also lehre ich die Menschen, das Leben und den Sex zu genießen, unabhängig von den Lebensumständen.

DER PLAN: WAS LERNEN WIR?

✦ Wie soll ich den Dreier starten und beenden?

✦ Wer soll beim Dreier die Führung übernehmen?

✦ Wie berührt man synchron und wie wird der Übergang gestaltet?

✦ Wie berührt man überhaupt? Gibt es Richtig und Falsch?

✦ Wie fühlt sich die Verschmelzung des Dreiers an?

✦ Wie komme ich mit der Eifersucht klar?

✦ Wie soll eine Frau beim Dreier reagieren, wenn ihr etwas nicht gefällt?

Diese und viele weitere Fragen werden im Rahmen dieses Seminars gelöst.

WAS ERWARTET DICH?

- Wir üben Kontaktaufnahme ohne Worte.
- Impulse senden und empfangen.
- Impulse richtig interpretieren.
- Wie berühre ich richtig, wo und wann fester oder zarter?
- Wie können die Massage-Elemente in das sexuelle Spiel integriert werden?
- Wir üben verschiedene Konstellationen, um unterschiedliche Energie zu spüren, bei MMF (Mann, Mann, Frau) wie auch bei FFM (Frau, Frau, Mann).
- Wir üben einen Beispielablauf eines harmonischen Dreiers bei FFM und MMF.
- Als Höhepunkt gibt es ein tantrisches Verschmelzungsritual zu dritt. Dein gelerntes Wissen manifestiert sich in einer angeleiteten Geschichte, in der du die Hauptfigur spielst. Somit wird das Wissen für immer in deinem Kopf bleiben.

SEMINARSTRUKTUR

Tag 1: Vertrauen und Gruppenverschmelzung

Dieser Tag sollte dazu dienen, den Teilnehmern das Gefühl zu vermitteln, sich bereits seit tausend Jahren zu kennen. Alle optischen Filter und andere Hindernisse sollten aus dem Weg geräumt werden, sodass die Gruppe wie eine Einheit agieren konnte.

Ohne diese Voraussetzung konnten keine weiteren Übungen durchgeführt werden. Hier sind die Übungsüberschriften:

- Imitation der Flughafen-Sicherheitskontrolle
- Händespiele
- Hausregeln
- Augenspiel
- Bodyflow mit Striptease als spielerischer Übergang zum Ausziehen
- Frauen berühren Männer
- Männer berühren Frauen
- Tierspiele
- Der tantrische Knoten

Tag 2: Dreier und Verhaltensregeln

Wie wird ein Dreier gebildet? Was ist das richtige Verhalten? Was machst du, wenn du dich gut auskennst und auf ein unerfahrenes Paar oder eine Einzelperson triffst? Wie sendet eine Frau die Impulse, um ihre Wünsche zu zeigen, oder unangenehme Aktionen zu kennzeichnen, ohne die Energie des Dreiers ins Schwanken zu bringen? Wie wichtig ist die Rolle der dominanten und devoten Person in einem Dreier? Verführung, die Klärung der Aufteilung des Dreiers, Verhaltensregeln, die für spätere Abenteuer nützlich sein können. An diesem Tag hatten wir vor, Teamplay der Dreier in verschiedenen Konstellationen zu üben.

- 3 Gruppen bilden (Dom, Dev, Switcher)
- Eifersucht, Vortrag von Evi und Tom (max. 1 Stunde)
- Theorie der Dominanz und Aggressivität
- Die Spirale
- Einstieg- und Sychronspiele
- Einstieg ins Spiel über unterschiedliche Körperteile
- Impulse richtig senden und interpretieren
- Blümchen- / Bienchen-Spiel
- Abendritual „Shiva geht auf die Reise"

Ein Trio oder Dreier ist nicht nur die Verschmelzung von drei Körpern, sondern auch die der inneren Zustände, sodass sich diese von innen nach außen übertragen. Dafür müssen die Zusammenhänge zwischen Körper, Geist und Seele verstanden werden.

Wir stellen zuerst den dominanten Part in uns fest und bilden als Erstes eine innere Einheit, eine Verschmelzung in uns. Erst danach sind wir bereit zur Verbindung mit den anderen. Deswegen werden wir am zweiten Tag üben, üben und nochmals üben.

Tag 3: Vorbereitung zum Ritual

Der vorletzte Tag dient ausschließlich den Vorbereitungen zum Ritual.

Die Dreier sollen sich erneut bilden, dieses Mal mit dem Wissen aus den vorherigen Tagen. Es werden Trockenübungen mit unterschiedlichen Konstellationen ausgeführt, der Ritualablauf vorgestellt und die schwierigen Teile geübt, damit im Ritual die Energie ohne störende Gedanken fließen kann.

Hierbei sind Positionen und Wechsel von größter Bedeutung:

Wer ist vorne? Wer hinten? Wie wird ein fließender Übergang gestaltet, ohne die Dreier-Energie zu unterbrechen? Wie bringen wir verschiedene Gegenstände wie Kondome ins Spiel? Kondome sollen nicht stören, sondern in das Spiel integriert werden, denn Sicherheit gibt uns das Vertrauen und wir können uns leichter fallen lassen.

Am Abend kommt das große abgespeckte Reigenritual, Stufe 1 von 3: "Reigenritual" ist ein tantrisches Gruppenritual, das auch "Chakra-puja" genannt wird. Du kannst gerne den Begriff googeln und dich überraschen lassen. Es gibt ein Buch von Ashley Thirleby, das dieses Ritual ausführlich beschreibt.

Ritual

Ein tantrisches Ritual ist nichts Anderes als eine Geschichte, in der du die Hauptrolle spielst und dein im Seminar erlangtes Wissen unter Beweis stellst. Somit wird das Gelernte erlebt und das Erlebte als Erinnerung gespeichert, sodass du jederzeit freien Zugang dazu hast.

Tag 4: Der Abklang

An diesem Tag werden die entstandenen Defizite von Teilnehmern angesprochen und aufgearbeitet. Wir können Korrekturen an den Übungen vornehmen und diese noch einmal ausführen. Zum Schluss stelle ich ein paar Extras vor: von einer erotischen Fußmassage und Fesseln bis hin zu einer simplen Tantramassage.

Eine große Feedbackrunde. Ein paar Stunden Abschied und voller Energie nach Hause.

Somit sind die Ziele für jeden Tag festgelegt und wir widmen uns jetzt den Details.

Tag für Tag beschreibe ich gründlich die Übungen und deren Variationen, je nachdem, was die Gruppe besser verträgt. Der Plan dient nur zur Orientierung, um das Ziel im Auge zu behalten. Die Wege und somit die Übungen können variieren.

Tagesthemen / -ziele

Wo	Tag	Beschreibung	Notiz
Do	Tag 1	Vertrauen und Verschmelzen	
Do	Tag 1	Abendritual	
Fr	Tag 2	Regeln der Dreierbildung, allgemeine Spielregeln üben, Dominanz, Eifersucht, Synchronübung	
Fr	Tag 2	Abendritual	
Sa	Tag 3	Feste Dreierbildung, Vorbereitung und Übungen für das große Ritual	
Sa	Tag 3	Das große Ritual	Abend
So	Tag 4	Abklang, Feedbackrunde	Vormittag
So	Tag 4	Schreibrunde, Erlebtes für sich erfassen	Vormittag
So	Tag 4	Tipps für den Alltag. Probiere mal was Anderes. Fußmassage oder Peitsche oder Fesseln. Die Gruppe entscheidet über Übungen zum Abklang.	fesseln, schlagen, streicheln
So	Tag 4	Gruppenkuscheln/ Gruppenumarmung	Bis 18 Uhr
So	Tag 4	aufräumen, verabschieden	18–20 Uhr

TAG 1: DER PLAN

VERTRAUEN UND VERSCHMELZUNG DER GRUPPE

Wie bringt man völlig fremde Menschen in kürzester Zeit dazu, sich so zu mögen und zu lieben, als ob sie sich seit 1000 Jahren kennen, als seien sie Liebhaber, als könnten sie einander grenzenlos vertrauen?

Das Geheimnis der Verschmelzung liegt in unseren Hormonen und der Stärkung deren Produktion. Die Hormonproduktion ist an unsere Emotionen gekoppelt. Starke Emotionen fördern Produktion bestimmter Hormongruppen und diese wiederum verstärken die Emotionen. Jeder kennt den Spruch „Er/sie sieht alles durch die rosarote Brille" oder „Liebe macht blind". Das ist die Folge des Einflusses unserer Hormone. Es ist ein geschlossener Kreis, der sich von der eigenen Energie nährt. Durch dieses Phänomen kann man sich negativ wie positiv mittels einer einzigen Emotion, ausgelöst von einem einzigen Wort, hochschaukeln. Aber wenn von außen keine Impulse mehr kommen, flacht die Hormonproduktion ab, und dementsprechend die Emotionen. Dann heißt es: willkommen in der grauen und rationalen Welt des Alltags.

Wir können mit richtigen Übungen und Methoden fast jeden Menschen in uns verlieben. Hier beschreibe ich, wie in der Gruppe die höchste Bindung erreicht werden kann. Die Hemmungsgrenzen werden durch

Vertrauen abgebaut und wir bekommen eine gebundene Gruppenenergie, die sich unglaublich gut anfühlt. Diese Energie im Alltag zu erzeugen, ist kaum möglich. Eine Gruppe braucht Erlebnisse und Wachstum ohne Ablenkung. Dafür soll der Seminarleiter sorgen. Deswegen ist so ein Seminarerlebnis unbezahlbar.

Wenn alles richtig gestaltet ist, entsteht im Seminar ein selbsttragendes Energiefeld, das von jedem einzelnen in die Gruppe strahlt und die Gruppe sich wie ein Ganzes anfühlt. Sowohl ich als auch meine Assistenten verschmelzen mit der Gruppe und bilden dort den sicheren Kern, der die Gruppe zusammenhält. Deswegen ist es sehr wichtig, bei solchen Seminaren ein gutes Team zu haben, das den Weg wenigstens einmal selbst gegangen ist und die Prozesse, die den Teilnehmern bevorstehen, auch verstehen kann.

Dieses Mal bildete ich aufgrund des neuen Seminar-Konzeptes ein neues Team, dessen Mitglieder größtenteils an keinem meiner Seminare teilgenommen hatten. Mir war allerdings wichtig, dass meine Assistenten die von ihnen gelebte sexuelle Vielfalt mit Ihren Vorträgen oder Workshops in mein Seminar brachten.

Durch Verschmelzung der ganzen Gruppe entsteht eine Art Schwarmintelligenz, in der jeder jeden ohne Worte fühlen kann. Meine Aufgabe als Leiterin besteht darin, die Gruppe und deren positive Wirkung aufrechtzuerhalten. Falls eine Person sich unsicher fühlt oder an ihren inneren Rebellen gerät, helfe ich ihr, es zu verstehen und anzunehmen. Denn der innere Rebell will auch gehört und befriedigt werden. Rebellische Energie ist eine Tatkraft, die nicht eingesperrt werden darf, sonst droht Revolution oder der Teilnehmer will alles abbrechen und abreisen.

Das sogenannte Kofferpacksyndrom bricht früher oder später bei nahezu jedem aus. Denn wir bringen Emotionen ins Spiel, die sehr lange ignoriert wurden. Der Kopf will die Kontrolle über unsere Gefühle behalten und lässt sich alles Mögliche einfallen. Es werden alle denkbaren Ausreden zurechtgelegt: von „Was mache ich hier?" bis „Niemand wird sich für mich interessieren".

In meinen Seminaren darf sich niemand alleine fühlen. Deswegen wird jeder einzelne in seinen Prozessen beobachtet, begleitet, aber zugleich nicht gestört. Die Gruppe soll jeden tragen und lieb haben. Wir sind alle nicht perfekt und haben unsere Macken und Kanten. Durch die Unvollkommenheit des Einzelnen erreichen wir die Vollkommenheit der Gruppe, indem wir unsere Schwächen mit den Stärken der anderen ergänzen.

Aus dem Grund arbeite ich so lange an der Verschmelzung der Gruppe, bis ich das Gefühl habe, dass diese wie eine Einheit agiert. Der erste Tag ist deswegen der wichtigste. Ich wurde schon gefragt, ob man am zweiten Tag zustoßen darf. Es gibt klares „Nein" den die Person wird sich dann für die Gruppe als ein Fremdkörper anfühlen. Der erste Tag bildet das Fundament vom ganzen Seminar und kann am nächsten Tag verlängert werden, sofern am ersten Tag das Ziel nicht erreicht wurde.

Wie erreichen wir diese Verschmelzung?

Dafür gibt es unterschiedliche Methoden. Ich gebe für gewöhnlich die grobe Richtung an und verfeinere sie mit den passenden Übungen. Die Übungen, die als Verstärker dienen, können unterschiedlich ausfallen, variiert und neu erfunden werden. Wichtig dabei ist, dass die Richtung bewahrt wird.

Die Richtungen:

3. Berührung

4. Rhythmus

5. Gesang oder der gemeinsame Klang

Es gibt noch andere Richtungen, Methoden und Verstärker, aber diese hier können fast bei jeder Veranstaltung auch außerhalb des Tantra verwendet werden. Das ist der Zugang zur emotionalen Verschmelzung.

An dieser Stelle möchte ich deine Aufmerksamkeit schärfen. Denn diese Methoden können auch für zerstörerische Zwecke eingesetzt werden. Personen mit psychopathischen Neigungen nutzen sie gerne für ihre Zwecke. Mehr dazu später.

Eine Methode an sich ist nie böse, nur die Absicht dahinter entscheidet über den Zweck. Meine Lieblingsfrage an dieser Stelle ist: „Wann wird ein Messer böse?". Die Antwort: "Je nachdem, wer es in der Hand hält, und was die Person damit vorhat". Das Messer selbst ist nie böse.

Nachdem du dieses Buch gelesen hast, kannst du die Methoden überall erkennen, aber wie du hinter die

Absichten kommst, beschreibe ich später. Wenn du jedoch ungeduldig bist, kannst du dir zum Beispiel den Film „Die Welle" anschauen. Im Film werden ähnliche Methoden und Prinzipien als Experiment von einem Lehrer eingesetzt, um den Schülern anschaulich zu machen, wie die Welle des Nationalsozialismus zu einem Tsunami werden konnte. Du bekommst in einem Sexbuch Aufklärung über den Einfluss der Methoden auch in deinem Alltag.

Die Reihenfolge der Methoden ist unwichtig. Jetzt widmen wir uns jedoch der positiven Wirkung und beginnen mit der Berührung.

1. Berührung

Berührung ist eine der stärksten Bindungsmethoden. Wir werden von Mutter als Baby gehalten, gestreichelt und umarmt. Wer als Baby zu wenig umarmt wurde, verbringt unbewusst sein ganzes Leben auf der Suche nach Berührung. Deswegen ist es eines der schönsten Erlebnisse und eine der Grundlagen der seelischen Zufriedenheit, das eigene Kind so oft wie möglich zu berühren, in einem Tuch oder einer Tragetasche so weit es geht zu tragen, zu knuddeln und zu kuscheln. Diese Berührungen stellen für das Baby den Ursprung aller Geborgenheit, Sicherheit und Annahme dar.

Ich habe selbst zwei Kinder ausgetragen. Für mich war der Kinderwagen eine viel zu große Entfernung zu ihnen. Ich wollte sie fühlen und sie wollten mich sicherlich ebenfalls fühlen. Meine beiden Kinder habe ich an meiner Brust und auf meinem Rücken in einem Tragetuch getragen. Sie haben immer die Wärme, den Herzschlag und die Sicherheit von mir gespürt. Mein Mann und ich haben uns abgewechselt und die Kinder konnten somit die Energie von beiden Eltern fühlen. Dazu hatte es noch einen praktischen Nebeneffekt: Ich musste mir nie Gedanken über das Treppensteigen mit einem Kinderwagen machen, wenn ich in die Stadt musste, und konnte ohne Hindernisse einkaufen. Es ist wie eine verbundene Unabhängigkeit, die das Baby mit den Eltern auf einer Freiheitsreise genießt.

Ich habe jedem meiner Kinder regelmäßig Babymassagen gespendet. Dafür gibt es wundervolle Bücher mit Anleitungen und auch Kurse. Die Kinder genossen es und hatten kaum Bauchschmerzen, Blähungen oder Schmerzen beim Zahnen.

Auch jetzt, wo sie 8 und 13 Jahre alt sind, fragen sie immer noch nach einer Kratzmassage und veranstalten unerwartete Kuschelattacken, vor allem dann, wenn Mama im Stress ist und vielleicht alle anschreit. Ist es nicht wundervoll?

Wer die Umarmungen im Babyalter verpasst oder dem eigenen Kind nicht beschert hat, kann es mit ein bisschen Mut nachholen, auch wenn es sich dabei nicht um den gleichen Effekt wie bei einem Baby handelt. Das Gefühl, angenommen zu werden, kann sehr rührend sein. Viele Generations- und Beziehungskonflikte können mit tiefen Umarmungen gemildert werden.

Körperberührungen beinhalten nicht nur Umarmungen, sondern auch Hand- und Fußberührungen sowie Massagen jeglicher Art. Berührung kann mit jedem unserer 5 Sinne erfolgen. Ich bleibe jedoch vorläufig bei unserem Tastsinn, denn alle anderen Berührungen könnten an dieser Stelle Überforderung oder Widerstand hervorrufen, was nicht der Zweck dieses Buches ist.

Ich entschied mich beim Einstieg in dieses Seminar für das Händespiel, weil es uns keine Angst macht. Wir reichen uns immer die Hand zur Begrüßung und werten es nicht als sexuelle Belästigung. Aber über die Hände wie auch über die Füße können unterschiedliche Energien fließen, je nachdem, wie diese berührt werden.

Die erste Aufgabe stand damit fest: Die Berührungsangst unter den Teilnehmer gleich bei der ersten Begegnung wegnehmen.

Die Teilnehmer sollten die Hände voneinander berühren und ausschließlich über die Hände zu sehen beginnen. Blinde Menschen tun es tagtäglich. Um zu überleben, haben sie gelernt, ihre Sehkraft mit dem Tastsinn zu ersetzen.

Das Kennenlernen über die Hände ist ein interessantes Experiment und trägt das Denken mit vertrauten Methoden hinter die Randsteller. Der direkte Vergleich unterschiedlicher Handberührungen kommt nicht täglich vor, und wenn, dann nicht mit dem Ziel, uns und unseren Einfluss über die Hände wahrzunehmen.

Die klassische Kennenlernrunde („Ich heiße so und so, ich komme aus so und so ...") ließ ich somit aus. Wer kann sich schon am Anfang den Namen jeder einzelnen Person merken, geschweige denn woher diese kommt? Und warum sollte man das tun? Jeder ist mit eigenen Problemen und Sorgen angereist und dann soll er sich noch alle Namen merken!

Doch bevor wir dieses harmlose Spiel starteten, mussten die Teilnehmer das Vertrauen sowohl zum Personal als auch zum Seminarleiter gewinnen. **Vertrauen ist die Grundlage** eines jeden Geschäftes und jeder kreativen Entwicklung. Ohne Vertrauen kann keine Gruppe geführt werden und ihr Potenzial entfalten.

Die Skepsis und die Spannung, mit der alle Teilnehmer ankommen, ist jedes Mal spürbar. In den Augen stehen Sätze von „Na ja, mal schauen ..." bis „Wo bin ich gelandet?" und alle Töne dazwischen.

Um diese Spannung abzumildern, fange ich meine Seminare für gewöhnlich mit etwas, was die Leute zum Lachen bringt und zugleich Vertrauen vermittelt. Somit eröffneten wir dieses Seminar mit einer "Sicherheitsgeschichte". Dabei handelte es sich nicht um eine Übung, sondern um unsere besondere Art, Hallo zu sagen. Da wir mit sexueller Energie arbeiten und eine vertrauensvolle Atmosphäre schaffen wollen, sollten alle Teilnehmer auf das mögliche Einschmuggeln von Kameras und Co. untersucht werden.

Zu diesem Zweck haben wir die spielerische Flugsicherheitskontrolle eingeführt. Jeder, der den Tempel betritt, soll wie auf einem Flughafen gründlich durchsucht werden. Selbstverständlich nach allen Regeln der Kunst: Eine Assistentin durchsucht die Männer, ein Assistent die Frauen. Die Kontrolle geht über den ganzen noch angezogenen Körper. Denn hinter den Textilien kann man vieles verbergen. Diese Eingangsübung bricht das Eis: Humor, vertraute Berührung (für jene, die schon geflogen sind) und eine außergewöhnliche Abweichung. In der Warteschlange bricht stets jemand in Gelächter aus und man hört verschmitzte Bemerkungen wie „Mal schauen, ob du bei mir was findest" oder „Schön, dass hier auch an Sicherheit gedacht wird". Da kommen Witze und Geschichte von Teilnehmer wie auch lustige Antworten von den „Prüfern". Es entsteht gleich zu Beginn eine vertraute Atmosphäre, die sofort den Druck mindert, aber noch nicht gänzlich wegnimmt. Es ist nur ein kleines Stressventil am Start.

Nach der Kontrolle werden den Teilnehmern behutsam Augenmasken aufgesetzt und wir bringen sie in den Tempelraum. Jetzt haben sie zwar einander in der Warteschlange wahrgenommen, aber noch nicht geschafft zu beurteilen. Es gibt noch kein Gefällt-mir oder Gefällt-mir-nicht. Die Gruppe wird sofort zum Fühlen gebracht.

Später steigern wir das Ganze mit einer tantrischen Umarmung und im Laufe des Seminars weiterhin mit einem Massageaustausch. Nach und nach verschwindet die Angst vor Berührungen. Gleichzeitig lernen die Teilnehmer, die Nähe und Distanz ausgewogen zu kombinieren. Wenn wir zu lange in der Nähe von jemandem sind, wollen wir fliehen. Und umgekehrt: Wenn wir zu lange auf Abstand sind, fühlen wir uns nicht wahrgenommen und abgestoßen. Deswegen kommt es auf die richtige Mischung an.

2. Umarmungen

Vor allem die tantrische Umarmung gibt uns das Geborgenheitsgefühl, wie wir es von unserer Mutter bekommen haben. Die Umarmungsunterschiede führen wir in einer leichten, humorvollen Art und Weise vor und erklären, woran der Unterschied liegt, und auch die physikalischen und energetischen Besonderheiten

Die tantrische Umarmung

Wie wichtig Umarmungen sind, haben wir alle deutlich während der Corona-Zeit gespürt. Ich habe mir zugetraut, inmitten der Pandemie im Jahr 2020 ein Seminar mit einem Sicherheitskonzept zu gestalten, in der Hoffnung, durch viele kleine Bindungsübungen das Umarmen zu ersetzen.

Eine der vorgeschriebenen Sicherheitsregeln während der Covid-Pandemie beinhaltete so wenig Körperkontakt wie möglich. Der Abstand von mindestens 1,5 Meter sollte gewahrt werden. Wir haben uns am Anfang des Seminars auf den Körperkontakt unter Pärchen begrenzt, die sich berühren und umarmen durften. Wir haben viele andere Übungen verstärkt eingesetzt, um die fehlenden Umarmungen unter den Teilnehmern zu kompensieren.

Das Resultat war nicht das gleiche wie sonst. Ganz im Gegenteil: Es war praktisch unmöglich, irgendeine Art von Einheit in der Gruppe zu erschaffen. Jeder hatte eine innere Distanz zum anderen aufgebaut.

Aus diesem Grund warf ich am zweiten Tag des "Pandemie-Seminars" diesen Teil der Regeln über Bord. Wir waren alle geimpft und getestet. Es vergingen mehr als 24 Stunden, seit die Gruppe zusammengefunden hat. Von welcher Covid-Ansteckung konnte noch die Rede sein?

Und wie kann man das rote Tantra ohne körperliche Nähe ausüben? Das ist der Kern des roten Tantra und die meisten Übungen sind dazu da, um die Seele durch den Körper zu berühren. Kaum haben wir die Umarmungen eingefügt, ging alles viel einfacher, aber ich habe dennoch einen Tag des Seminars verloren. Ich musste das Programm kürzen und mir etwas einfallen lassen. Eine Herausforderung, die mir im Rahmen dieses Seminars nicht gelungen war. Ich bereitete die ganze Gruppe auf ein großes Ritual vor, das so wie geplant leider nicht stattfinden konnte. Dafür habe ich damals verstanden, wie wichtig Berührungen und Umarmungen sind, und warum sie uns im Leben so sehr fehlen.

Deswegen umarmt euch so oft es geht, umarmt eure Partner, Kinder und auch eure Kollegen oder Kunden. Ich habe es in meinem Leben als Standard eingeführt und meine Kunden und Mitarbeiter können sich eine Zusammenarbeit mit mir ohne Umarmung nicht mehr vorstellen. An dieser Stelle erzähle ich eine wahre Geschichte aus meinem Alltag.

Eines Tages kam ein Bekannter, den ich sehr lange nicht gesehen hatte, zu mir ins Büro. Er war zufällig in der Nähe und kam rein, um Hallo zu sagen. Wir plauderten ein wenig, während der Kaffee kochte, als einer meiner Kunden das Büro betrat. Ich sprang auf und rief: „Ronny! Wie schön dich zu sehen!" Ich umarmte ihn, ohne mir dabei groß Gedanken zu machen. Er wollte mich nicht lange aufhalten, nur ein paar Termine abstimmen, weil er gerade so oder so in der Nähe war.

Als er weg war, fragte mich mein Bekannter, ob es nicht übertrieben sei, dem Kunden so nah zu kommen. Vielleicht wolle er es gar nicht. Ich solle mich lieber zurückhalten. Diese Umarmungen gehören nicht ins Geschäftsleben.

Interessante Beobachtung, dachte ich. Dabei hatte ich nicht das Gefühl, Ronny wäre der Körperkontakt als unangenehm erschienen. Aber wer weiß, dachte ich, vielleicht sah es von außen betrachtet doch etwas übertrieben aus.

Ich sagte meinem Bekannten, dass ich mir seine Worte zu Herzen nehme und gerne überprüfen möchte, ob er recht habe. Und wie das Universum so will, ging im nächsten Moment die Tür auf und mein Lieferant kam ins Büro. „Hallo Frieder, was führt dich zu mir?", sagte ich, machte jedoch keinen Schritt auf ihn zu und deutete auch keine Umarmung an. Da öffnete er seine Arme und ging auf mich los. Ich warf einen kurzen Blick auf meinen Bekannten und erwiderte Frieders Geste.

Die Umarmung konnte nicht herzlicher sein. Es stellte sich heraus, dass Frieder – so wie Ronny zuvor – zufälligerweise in der Nähe war und einfach mal vorbeischauen wollte.

Als er weg war, schaute ich meinen Bekannten an. "Was sagst du dazu?", fragte ich. Er sagte, er habe das Gefühl, dass die beiden allein wegen der Umarmung hereingekommen seien. Das Gefühl hatte ich übrigens auch.

Damit will ich sagen, dass eine herzliche Umarmung nie überflüssig ist. Es ist eines der stärksten menschlichen Bedürfnisse, das mit Online-Kursen, Online-Seminaren, Online-Lehrgängen nicht kompensiert werden kann. Also umarmt euch einfach glücklich, sobald ihr euch trefft. Die Wirkung spürt ihr selbst.

Das, was sich für mich als etwas völlig Normales anfühlt, kann die anderen viel Überwindung kosten. Es erfordert Mut, sich der Nähe zu stellen. Das merke ich während meiner Seminare immer wieder.

3. Rhythmus

Rhythmus gibt uns das Zugehörigkeitsgefühl: Bewegung, Tanz ... Im gleichen Rhythmus verschmelzen unsere Energien auf der außerkörperlichen Ebene. Es sagt uns: „Wir gehören zusammen." Man fühlt sich auf der gleichen Wellenlänge. Unsere Körper müssen sich nicht berühren, um das Gefühl der Zugehörigkeit zu erzeugen. Zum Beispiel dient das Tanzen als guter Verstärker der eigenen Energie. Kommt noch der Klang unserer Stimme hinzu, verschmelzen wir mit der Energie im Raum. Wenn wir aber einen geschlossenen Kreis mit Körperkontakt bilden, diesen mit rhythmischer Musik in Bewegung bringen und dabei noch gemeinsam singen, ergibt es ein einzigartiges Erlebnis.

Zum Beispiel nutzt die Gospelmusik dieses Phänomen, um die Zugehörigkeit zur Kirche und die Verbundenheit zu Gott zu verstärken. Die Gospelmusik beinhaltet Rhythmus, Gesang und Tanz. Alle bekommen gute Laune und man sehnt sich nach einer Wiederholung.

In den anderen Kirchen werden gemeinsam aus meiner Sicht langweilige Gebete gesungen, dennoch erzeugt das gemeinsame Singen eine Kraft: „Gemeinsam sind wir stark und mit Gott verbunden".

Bei Rockkonzerten, sobald die ersten Töne eines bekannten Liedes erklingen, singt das Publikum auf Anhieb mit, und das erzeugt eine enorme Resonanz.

Gesang oder der Klang unserer Stimme stimmt uns wie ein Instrument auf eine Wellenlänge ein. Deswegen nutzen wir am ersten Tag alle beschriebenen Verstärker, um die Teilnehmer miteinander zu verschmelzen. Die Reihenfolge der Verstärker spielt dabei keine Rolle. In Folgetagen besteht die Aufgabe darin, diese Energie aufrechtzuerhalten.

ÜBUNGSBESCHREIBUNGEN UND DIE GRÜNDE

Optische Raster ausschalten

Jeder von uns hat unterschiedliche primäre emotionale Eingangskanäle, über die wir die Menschen blitzschnell einschätzen und durch das erste grobe Raster fallen lassen. „Die Person gefällt mir nicht, weil ...", „Seine Stimme klingt unangenehm" oder „Es fühlt sich nicht gut an".

Wenn die Person einmal durch das erste Raster gefallen ist, gibt es kaum Möglichkeit, sie uns wieder sympathisch zu machen. Alle zukünftigen Aktionen von der Person werden automatisch als aufdringlich empfunden.

Um dieses Muster zu brechen, wäre es von Vorteil, ein paar Statistiken und Methoden zu kennen, wie wir diese Raster-Fallen umgehen können. Dadurch dass die Menschen zu 50 % visuell, zu 35 % emotional und zu 15 % akustisch geprägt sind, haben wir eine recht hohe Wahrscheinlichkeit, dass zum Seminar überwiegend visuell geprägte Menschen kommen würden. Die Dreier-Bildung erschwert sich dadurch, denn alle drei Personen müssen sich optisch toll finden. Auf diese Weise ergibt sich das erste Hindernis auf dem Weg zum Genuss.

Dabei sind gerade die optisch (im Sinne von gesellschaftlicher Norm) nicht allzu attraktive Menschen, die schnell lernen, einen mit anderen Eigenschaften als Aussehen zu beeindrucken. Und deren Berührungen sind oft die intensivsten.

Deswegen begannen wir diesen Tag mit den Übungen, bei denen die Augen geschlossen blieben. Somit konnten sich die Teilnehmer leichter auf andere Ebenen einlassen und das visuelle Raster somit etwas entschärfen.

Händespiel *: Fühle die Hände, die dich berühren

Ich habe mich für diese Übung entschieden, um die Teilnehmer gleich vom Denken ins Fühlen zu bringen. Somit tauchen sie direkt in eine harmlose Gefühlswelt ein.

Die Übung besteht aus zwei Teilen.

Teil 1: die Hände fühlen;

Teil 2: die Hände finden und erkennen.

Nach der "Flugsicherheitskontrolle" verbinden die Assistenten die Augen der Teilnehmer, bevor diese den Tempel betreten. Die anderen Assistenten im Tempel führen die Teilnehmer zu ihren Plätzen und lassen sie dort im Kreis stehen. Frauen bilden den inneren Kreis mit den Gesichtern nach außen. Männer, die Gesichter zu den Frauen gerichtet, stellen den Außenkreis dar.

Händespiel *: Teil 1

Das Spiel beginnt mit leichter Musik. Die Hände berühren sich und die Aufgabe besteht darin, diese Hände sich genauestens einzuprägen und sich das Gefühl zu merken, das durch diese Hände ausgelöst wurde.

Es werden die Festigkeit und die besonderen Merkmale der anderen Hände gemerkt, und ob sie beispielsweise Behaglichkeit oder Sicherheit bei dir auslösen.

Diese Übung dauert pro Handberührung ca. 3–5 Minuten. Dann verabschieden sich die Hände und der Außenkreis tritt einen Schritt zurück.

Mithilfe von Assistenten wird der Außenkreis um eine Person im Uhrzeigersinn weiterbewegt und das Spiel beginnt von vorn. „Spüre die Hände, die dich berühren und was diese Hände bei dir auslösen", sage ich immer wieder, um die Konzentration aufrechtzuerhalten. Dann wird der Außenkreis erneut im Uhrzeigersinn gedreht und das neue Händespiel beginnt.

Es sollten mindestens 3 und maximal 5 Paar Hände berührt werden.

Die Anzahl der Runden hängt von der Anzahl der Teilnehmer und dem Zustand der Gruppe ab. Je nachdem, wie die Gruppe sich verhält, muss ich entscheiden, wie lange diese Übung dauert. Ist die Gruppe locker und gut gelaunt, kann das Spiel in die Länge gezogen werden, langweilt sich die Gruppe oder fühlt sich verwirrt, soll die Übung sanft beendet werden, sodass der zweite Teil beginnen kann.

Bei einer lustlosen Gruppe kann etwas Power-Musik zu einer gesteigerten Energie verhelfen. Bei lockeren, energiegeladenen und lustigen Gruppen muss dagegen entspannte Musik angewendet werden, um den Energiepegel zu senken.

Händespiel *: Teil 2

Wir gehen in den zweiten Teil der Übung. Es ertönt lockere Musik und die Kreise fallen auseinander. Die Teilnehmer dürfen den Raum mit weiterhin verbundenen Augen erkunden und sich untereinander mischen.

Schließlich verkünde ich die neue Aufgabe. Zum Beispiel: „Jetzt gehst du durch den Raum und suchst nach dem zweiten Paar Hände, das dich berührte." Die Nummer des Händepaars spielt keine Rolle und es ist nicht relevant, ob die Hände sich finden. Der Kern dieser Übung besteht darin, ins Fühlen zu kommen, und durch den Kontakt über die Hände das Gedächtnis und die Gefühle zu schärfen. Wir lernen von Anfang an, mit Gefühlen zu sehen.

Vorstellungsrunde

Danach könnte eine klassische Vorstellungsrunde stattfinden. Für diese gibt es unterschiedliche Verfahren. Mit eigenem Namen oder einem Alias? Die Reihenfolge: nacheinander oder wer gerade bereit ist? Mit einer Geschichte oder ohne?

Während der Vorstellungsrunde gebe ich ein paar Gegenstände in die Runde. Einen glatten Stein, einen spitzen Stein, eine Feder, ein Stück Fell, einen Flogger, etwas zum Knobeln aus der Spielzeugkiste meiner Kinder.

Die Vorstellungsrunde dient zur Ablenkung. Das eigentliche Ziel ist dabei das Anfassen der Gegenstände. Die Gedanken der Teilnehmer werden durch das Sprechen oder Zuhören umgeleitet, sie fassen die Gegenstände dennoch an. Letztendlich löse ich die Situation auf. Ich erkläre, dass alle im Kreis intuitiv die Dinge unterschiedlich berührt haben. Das ist der Beweis, dass sie den Großteil der Berührungen schon kennen, sie aber leider wenig im Sexspiel einsetzen. Sie müssen es nicht mal lernen, sie können es schon. Aus irgendeinem Grund setzen jedoch viele Menschen dieses Wissen nicht um. Sie setzen oft begrenzte Berührungen ein, wie beispielsweise das "**Bügeleisenstreicheln**". Es sieht so aus, als ob man mit der Hand ein Bügeleisen bildet und dieses über den Körper des Gegenübers vor und zurück gleiten lässt, was meiner Meinung nach vielmehr nach Reiben aussieht. Damit wollen vor allem Männer Frauen signalisieren, dass sie ihren Berührungsanteil erledigt haben und die Frauen ihre Beine auf der Stelle zur Einführung des Phallus zu öffnen haben.

Was kann man aber sonst erwarten, wenn Liebemachen von niemandem gelehrt wird? Jeder ist damit auf sich alleine gestellt und sucht bei allen möglichen Quellen, wie es richtig geht. Dabei bleiben auch die unangenehmen Teile des Forschungsweges nicht aus.

Männer können vieles verkraften und versuchen wieder und wieder ihre Sexualität besser zu beherrschen und einzusetzen. Frauen dagegen ziehen sich bei solchen "Bügeleisenreibungen" und ähnlichen Berührungen, lieber zurück und verschließen alle Zugänge, in der Hoffnung, dass ein

Märchenprinz auftaucht, alle Hindernisse überwindet, sie entdeckt und mit einem Kuss zum Leben erweckt. Es dauert so lange, bis die Frauen merken, dass die Zeit um ist und sie leider nicht wie ein Dornröschen 100 Jahre lang in einem Schlaf konserviert jung bleiben können.

Alle, Männer wie Frauen, müssen lernen, gemeinsam den Genuss ihrer so wertvollen Sexualität zu verstehen und zu erleben. Denn die tantrische Verschmelzung im Sex eröffnet ungeahnte Möglichkeiten für beide Seiten.

Bodyflow *

Das ist ein Pausenfüller, den wir am Anfang zum lockeren Ausziehen einsetzen. Dann beginnt der nackte Teil des Seminars. Alles wird nackt geübt, von Frühyoga bis zum Abendritual. Nacktheit ist ein hemmungsabbauender, unverzichtbarer Teil eines Tantraseminars. Leichte Abdeckung wie Lungis wird nur für Ritualszwecke genutzt.

Vor jedem Übungsblock wird 5–10 Minuten lang getanzt, sodass die Teilnehmer keinen Zeitdruck verspüren und sich entspannt im Tempel sammeln. Dazu trägt Bodyflow als Nachschub zur Gruppenverschmelzung bei.

Erinnert ihr euch an den Rhythmus-Teil? Bei Bodyflow tanzt jeder mit jedem und jeder kann sich durch freie Körperbewegung ausdrücken. Die Auswahl der Musik soll sorgfältig zusammengestellt werden oder die Zufallswiedergabe entscheidet. Wichtig ist die Abwechslung der rhythmischen Power-Musik mit entspannter, nachdenklicher, emotionaler Musik. Wenn im Team eine Person mit DJ-Fähigkeiten vorhanden ist, kann sie die Auswahl und das Abspielen von Musik übernehmen.

Augenspiel **: Öffne die Tore zu deiner Seele

Augen lügen nicht, genauso wenig wie unsere Körpersprache. Sie werden nicht umsonst als das Tor zur Seele bezeichnet. Sie zeigen die Wahrheit, ganz egal, welche Maske wir aufsetzen.

Unsere Augen vermitteln eine große Bandbreite an Emotionen. Die Seele kann durch die Augen sprechen und mit einem Blick geküsst oder verärgert werden.

Die beste Möglichkeit, jemanden kennenzulernen, ist, ihm in die Augen zu schauen und zu beobachten, was sie über seinen emotionalen Zustand preisgeben.

Unsere Augen, genauso wie unsere Körpersprache, verraten uns mehr, als wir mit Worten jemals zur Sprache bringen könnten. Es ist eine Tatsache, dass wir die meisten Informationen über die nonverbale Sprache vermitteln.

Im Gegensatz zum Mund haben wir keine Kontrolle über unsere Augen. Wenn wir etwas mögen, dann erweitern sich ganz unbewusst unsere Pupillen und bei Zurückweisung ziehen sie sich zusammen.

Sexuelles Verlangen oder Konzentration

Wenn wir sexuelles Verlangen verspüren oder uns konzentrieren, dann vergrößern sich unsere Pupillen, wie bereits erwähnt. Und das entblößt uns vor der anderen Person. Wir können das nicht vermeiden, also reiben wir unsere Augen, weil sie feucht werden und wir uns unwohl fühlen.

Im Alltag haben wir verlernt, den Menschen, mit denen wir reden, in die Augen zu schauen. Ängste überrollen uns in unserem Unterbewusstsein. Um nicht verletzt oder entschlüsselt zu werden, senken wir unseren Blick. Das unbewusste Auf-den-Boden-Schauen (wie bei einem Kind, das etwas angestellt hat) ist ein Ausdruck des Schuldgefühls. Wir wenden unseren Blick ab, wenn wir jemanden anlügen oder etwas verbergen wollen, oder fixieren den anderen mit dem Blick, um zu sehen, ob unsere Lüge geglaubt wurde.

Aber unsere Augen können noch viel mehr preisgeben, als wir vermuten. Vielleicht ist das der Grund, weshalb wir da draußen den Augenkontakt vermeiden? Vielleicht wollen wir damit unsere Seele schützen?

Auf jeden Fall stellt die nachfolgende Übung eine einzigartige Möglichkeit dar, im geschützten Raum unsere Seele offen zu zeigen und auch hinter die Tore anderer Seelen zu blicken. Eine tiefgreifende Übung, die alle Emotionen von Freude über Traurigkeit bis hin zur Angst zum Vorschein bringen kann.

Durch diese Übung beobachtete ich unterschiedliche Reaktionen. Einige Teilnehmer sind in Gelächter ausgebrochen, bei anderen wurden durch den Blickkontakt hingegen die Tränen ausgelöst.

Während der Übung sollten wir nicht bewerten, sondern nur schauen und wahrnehmen. Alles, was kommt, ist erlaubt, ohne zu hinterfragen.

Manchmal wird während der Übung geflirtet und manch einer würde sein Gegenüber am liebsten auf der Stelle sexuell überfallen. Sogar weibliche Teilnehmerinnen haben von diesem Impuls berichtet, was für Frauen sehr untypisch ist.

Ich stelle hier die von mir bevorzugte Augenübung vor (Es gibt sicherlich andere Variationen und Abweichungen). Das Ziel dieses Spiels ist, die Verbindung zwischen den Teilnehmern über die Augen herzustellen. Jeder soll jedem in die Augen geschaut haben, um die Wirkung und Emotionen wahrzunehmen. Wir haben den gleichen Raum, die gleiche Musik und die Menschen, die den Raum füllen. Obwohl die gleiche Umgebung geschaffen wurde, haben Augenbegegnungen eine völlig unterschiedliche Wirkung auf uns.

Ein Spiel oder eine Übung bezeichne ich, wenn ein bestimmter Ablauf mehrfach wiederholt wird. In einer Übung gibt es keine Geschichte, ein Spiel wird ungezwungen gestaltet und in einem Ritual werden mehrere Übungen und Spiele in einer Geschichte verschmolzen.

Augenspiel **: Der Ablauf

Die Gruppe soll eine ungerade Zahl bilden. Falls jemand zu viel oder zu wenig ist, springen die Assistenten ein.

Es werden zwei gegenüberliegende Sitzreihen gebildet. Hinzu kommen zwei weitere Sitzplätze je Kopfende. Siehe Skizze.

Sitzordnung beim Start

Sobald die Musik startet (Klangschale oder Zimbel), beginnt das Spiel.

Die gegenübersitzenden Paare schauen sich eine Minute lang entspannt in die Augen und lassen diesen Blick auf sich wirken. Was löst er bei wem aus? Eine Person aus der Gruppe sitzt am Rande der Schleife und beobachtet die Gruppe. Sobald der Gong ertönt, bleibt eine Reihe sitzen und die andere verschiebt sich gegen Uhrzeigersinn. Die Person, die beobachtet hat, geht in die Reihe und am anderen Ende setzt sich die letzte Person aus der Reihe auf den Beobachtungsthron (Kissen). Siehe Skizze.

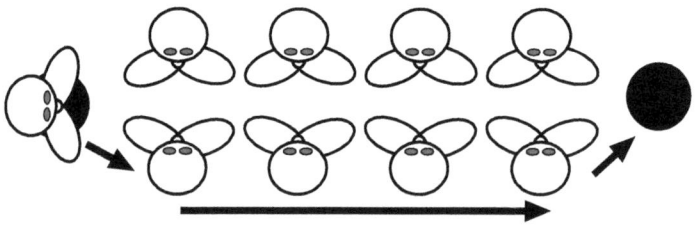

Die Bewegung beim Tausch. Zuerst eine Seite, die andere bleibt sitzen, und nach dem nächsten Klang bewegt sich die gegenüberliegende Seite

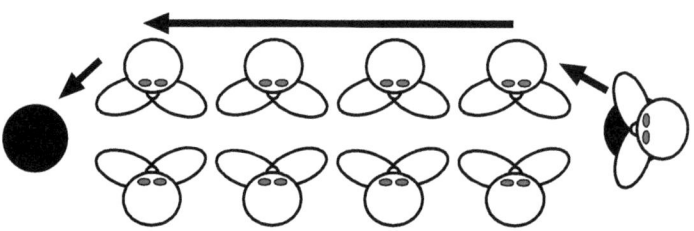

Der Tausch wird so lange fortgeführt, bis die Startpaare sich erneut gegenübersitzen. Damit hat jeder jedem in die Augen geschaut, ohne sich bedroht zu fühlen.

Das Augenspiel ruft starke Emotionen hervor, sodass danach eine längere Pause nötig ist.

Zusammenfassung der beiden Spiele

Hand- und Augenspiele legen die ersten emotionalen Begegnungen mit sich selbst frei. Wir schauen in die Seele des Gegenübers und öffnen gleichzeitig das Tor zu unserer Seele. Die Seele fühlt sich gesehen und zugleich beängstigt. Es fühlt sich so an, als ob du etwas, was du schon lange gewollt hast, endlich machst. Ein faszinierender und Furcht einflößender Prozess.

WEITERE SPIELE UND RITUALE IN KURZFORM

Frauen berühren Männer *

Männer stehen im inneren Kreis mit dem Gesicht nach außen, ihre Augen sind mit einer Augenbinde verbunden. Frauen zeigen, wie sie berührt werden wollen. Es darf alles außer den Genitalien berührt werden. Männer dürfen nicht mit Berührung antworten. Frauen können sich wild von einem Mann zum anderen bewegen oder sich bei einem Mann zu zweit vereinen. Die Männer werden mit Lust gequält.

Bedingung: Genitalien dürfen nicht berührt werden.

Männer berühren Frauen *

Wechsel: Frauen bilden einen Kreis. Augenbinden auf, und Männer wiederholen das Spiel mit Frauen.

Bedingung: Genitalien sind ein absolutes Tabu.

Die magische Tierwelt *

Sich in ein Tier verwandeln und in Kontakt gehen. Augen verbunden. Mehrere Assistenten schützen die Mattengrenzen.

Bedingung: Mit Handflächen niemanden berühren. Reden verboten, aber Tiergeräusche erlaubt.

Der tantrische Knoten **

Das Ziel: sexuelles Gleichgewicht schaffen. Wer mit sexueller Spannung zum Seminar gekommen ist, hat nun die Möglichkeit, diese auszugleichen.

Bedienung: Körperkontakt mit mindestens 2 Personen halten. Augen offen. Man kann passiv oder aktiv sein. Geschützter Sex ist erlaubt, darf aber nur im Einvernehmen passieren. Reden ist nicht erlaubt.

Nutze Augenkontakt und Händespiele, aber bleib im körperlichen Kontakt mit mindestens 2 Personen.

TAG 1

VERTRAUEN UND SICHERHEIT

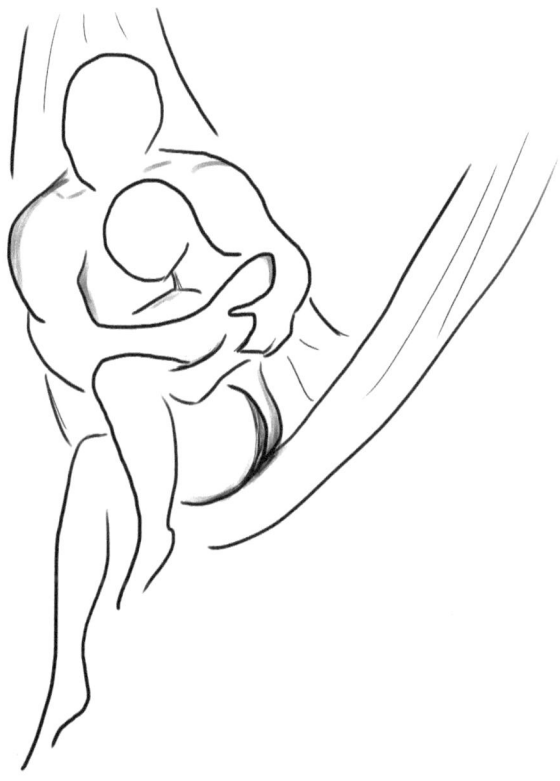

TAG 1: DIE REALITÄT

Oben beschrieb ich den Plan und nun kommt die Umsetzung.

Meine Assistenten und ich hatten uns bereits einen Tag vor dem Seminar getroffen, um die Abläufe zu besprechen und das Timing abzustimmen. Es gab unterschiedliche Aufgabenbereiche:

- **Empfang:** Alle Unterlagen von Teilnehmern unterschreiben lassen und die ersten Hinweise zur Organisation geben.
- **Tempeldienst / Matratzensportler:** Das sind mind. 2 Personen, welche für die Vorbereitung und Sauberhaltung des Tempels verantwortlich sind. Zu jedem Übungsblock sollte die Auslegungsform der Matratzen angepasst werden, zum Beispiel blumen- oder kreisförmig.

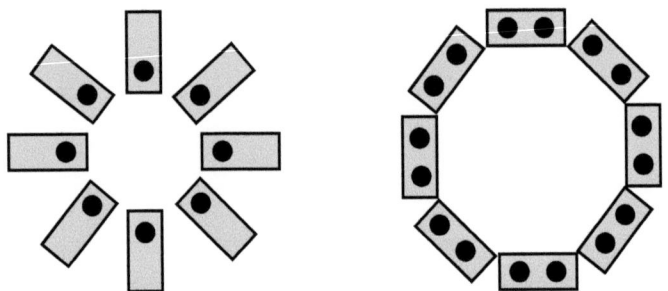

- Alle störenden Gegenstände und vergessenen Lungis oder Tücher der Teilnehmer sollen außerhalb des Tempels gebracht werden. Der Tempel soll stets klar und sauber sein, damit die

Energie ungestört fließen kann. Das ist eines der wichtigsten Merkmale einer guten Tantraseminarführung.

- **Blumendienst** soll dafür sorgen, dass der Blumenstrauß beim theoretischen Teil in der Mitte steht und bei Vorführung weggeschoben wird.
- **Wasserdienst** soll dafür sorgen, dass Wasser für die Pausen nachgefüllt wird und Zitronen geschnitten werden. Auch die Lutschdragees für den frischen Atem sollten immer bereit stehen, ggf. nachgefüllt werden.
- **Obst-/Gemüsedienst:** Wir haben immer Obst am Wassertisch stehen, damit man zwischendurch was zum Knabbern hat. Hier soll die verantwortliche Person aufpassen, dass der Teller nicht leer steht.
- **Klingeldienst** sorgt dafür, dass Teilnehmer nicht auf die Uhr schauen müssen. 10 Minuten vor jedem Übungsblock soll durch die Gegend mit Zimbeln gegangen und an die nächste Übung erinnert werden. Zeitgefühl ist ein Kontrollmechanismus und wenn wir ins Fühlen kommen wollen, sollen wir so viele Kontrollmechanismen wie möglich abschalten. Z.B. die Uhr, das Internet, die E-Mails. Kontrolle entsteht im Kopf und der Kopf hat im Alltag immer was zu tun.
- **Musik:** Es wäre gut, wenn jemand sich mit Musik beschäftigen könnte. Musik hat großen Einfluss auf unser Gemüt. Mit Musik können unterschiedliche Emotionen hervorgerufen werden. Die

Musikstücke sollen in Playlisten (z.B. rhythmisch, emotional, langsam, Massagen, Popowackeln, Trommel, Tantra) unterteilt werden. Für jede Übung oder Ritual soll passende Musik erklingen. Zur Zeit gebe ich die Musik bei meinen Seminaren nicht außer Kontrolle. Nur bei Bodyflow gibt es die Zufallswiedergabe.

- **Yoga:** Diesen Teil haben meine Lehrer stets selbst aufgeführt, und ich früher auch. Aber dieses Mal habe ich Yoga aus unterschiedlichen Gründen an die Profis abgegeben. Der erste Grund war, dass die Teilnehmer auch mal eine andere Stimme oder Wirkung spüren sollten. Wenn wir im Leben immer nur das Gleiche essen, sehnen wir uns nach etwas Anderem. Genauso ist es bei einem Seminar: Nur mich zu sehen und zu hören könnte die Teilnehmer übersättigen.
- Der zweite Grund war der Gedanke, mit einer anderen Person frische Ideen ins Seminar fließen zu lassen, wodurch sich mehr Vielfalt ergab.
- Der dritte Grund war der Wunsch, meinen Assistenten die Möglichkeit zu geben, ihren Einflusskreis aufbauen zu können. Tantra soll leben und je mehr Leute es weitergeben, desto größere Reichweite wird erreicht.

Die Dienste wurden schon am Vorabend aufgeteilt. Ich stellte die Liste zur Auswahl und die Assistenten entschieden selbst, wer welchen Dienst übernehmen wollte. Im Laufe des Seminars konnte auch untereinander gewechselt werden, wichtig war nur, dass die Aufgaben erledigt waren.

Diesmal hatte ich eine völlig neue Teambesetzung: Zwar kannte ich die Assistenten von früher, jedoch hatten sie mich noch nie bei einem meiner Seminare unterstützt. Ich hatte jeden von ihnen bereits im Vorfeld genau beobachtet und war sehr froh, sie alle auf einmal für die Zusammenarbeit gewonnen zu haben. Sie alle haben genau wie ich Kinder und es war eine Herausforderung, diese Kinder für 4 Tage unterzubringen. Aber am Ende bekam ich ein großartiges Team, sodass ich das Gefühl hatte, gemeinsam Berge versetzen zu können. Das Team bestand aus zwei Paaren und einer Single-Frau. Ein weiteres Coach-Paar (Evi und Tom) war für einen Gastvortrag geplant und musste erst am nächsten Tag dazustoßen.

Es war eine lustige Mannschaft aus fünf Personen mit viel Humor und absoluter Einzigartigkeit. Meine beiden Yogalehrer waren aus unterschiedlichen Partnerschaften und ich wusste nicht, ob sie es schaffen, zusammen zu arbeiten. Ihre Partner waren auch Assistenten, nur mit anderen Schwerpunkten. Als ich sie aussuchte, ging es mir in erster Linie darum, dass ich gerne eine Ersatzkraft für Yoga hätte, falls die erste ausfällt. An eine Doppelführung dachte ich zu diesem Zeitpunkt überhaupt nicht. Die Idee kam mir, als ich die beiden zusammen gesehen habe.

Er, Rolf, groß und stark, mit einer tiefen, ruhigen Stimme. Sie, Agni, zart, weiblich, fließend.

Agni unterrichtet Yoga für Kinder und hat eine sehr zugängliche Art, die Übungen zu erklären. Rolf bringt nicht nur ein solides Erscheinungsbild mit, sondern auch die Gelassenheit, Ruhe und eine natürliche Dominanz, der man sich unbewusst unterordnen will. Selten trifft man diese Ausstrahlung bei einem Mann. Nichts scheint ihn aus der Ruhe zu bringen.

Die Fesselkünstlerin Doris bildete mit ihm eine einzigartige Partnerschaft, die auf Außenstehende witzig und prickelnd wirkte. Doris war selbstverständlich auch als Assistentin dabei.

Daniel, Partner von Agni, wollte auch unbedingt dabei sein, um Agni und mich beim Seminar zu unterstützen. Mein Mann schlug Tabea als Assistentin vor. Ich hatte noch keine konkrete Aufgabe für sie, aber es findet sich immer alles, denn die oben erwähnten Dienste (außer Yoga) benötigen keine besondere Qualifizierung.

Mein Mann gehört im Seminar nicht zu meinem Assistentenkreis. Er ist ein ganz normaler Teilnehmer, der Sonderrechte hat. Mein Mann unterstützt mich vor allem in der Organisation des Seminars, entspannt sich aber im Laufe dessen. Ohne ihn kann ich mir nicht vorstellen, ein Seminar auf die Beine zu stellen. Die ganzen Absprachen mit dem Seminarhaus, Details zur Anfahrt, organisatorische Kommunikation mit den Angemeldeten, Treffpunkt und -zeit für Assistenten, Marketing und viele weitere Kleinigkeiten, auf die man im Vorfeld achten muss. Wenn er nicht da wäre, würde ich kein Seminar durchführen. Das Organisatorische raubt mir viel Energie, ihm bereitet es hingegen jede Menge Spaß. Er mag und macht die Organisation und ich bevorzuge es, mit Inhalten zu spielen. Somit ergänzen wir einander.

Als Bonus darf mein Mann kostenlos eine Übungspartnerin mitbringen. Sie geht dennoch keine Verpflichtungen fürs Seminar ein. Mein Mann und ich verhalten uns während des Seminars wie zwei Fremde, doch manchmal kann er nicht ganz loslassen. Wir arbeiten dran.

Die Mannschaft stand also fest. Nach dem Abendessen versammelten wir uns im Seminarraum, Tempel genannt, um den Ablauf zu besprechen und die Yogaübungen abzustimmen. Die Teilnehmer sollten nicht gleich am ersten Tag Muskelkater bekommen. Deswegen war es wichtig, die Yogaübungen zu bestimmen und unter uns auszuprobieren. Es fühlte sich alles richtig und fließend an. Das Ziel war, die Teilnehmer zum Aufwachen und so früh wie möglich mithilfe von Paar- oder Mandala-Yoga (Mandala-Yoga wird im Kreis ausgeübt. Die Teilnehmer bilden dabei eine Art Mandala-Blume. Mit jeder neuen Übung ändert sich das Mandala-Muster) zum Körperkontakt und Berührungen zu verleiten. Denn jede noch so kleine Berührung trägt zur Verschmelzung der Gruppe bei.

Ich erklärte das Ziel und in kürzester Zeit haben Agni und Rolf ihren Weg und die Aufteilung bei Yoga-Stunden gefunden. Rolf sollte den Anfang mit Atmung und Aufwärmung übernehmen, Agni die Anleitung der Paarübung.

Dann erklärte ich die Tagesabläufe und Ziele für jeden einzelnen Tag und warnte, dass ich alle

Übungen austauschen könnte, je nachdem, wie sich die Gruppe entwickelt. Aber die Ziele des Tages würde ich im Auge behalten. Einen kurzen Plan und die Inhaltsverzeichnisse der Übungen stellte ich den Assistenten vor. Ein paar knifflige Übungen probierten wir direkt aus.

Morgen früh begann der Tag gleich mit Störungen. Ein Teilnehmer stand im Stau, Evi und Tom hatten Verzögerung mit der Kinderübergabe, eine Teilnehmerin verspätete sich ebenfalls. Das Seminar sollte um 10 Uhr starten, aber um halb elf waren immer noch nicht alle da.

Ich entspannte und lehnte mich zurück. Alles war gut. Evi und Tom (Gastvortrag) kamen gestresst rein. Evi war wie mit tausend Nadeln bedeckt, unnahbar, zickig, und hatte einen sehr unangenehmen Gesichtsausdruck. Na, das fängt ja schon gut an, dachte ich. Ich hatte das Gefühl, dass sie dieses Seminar einfach über sich ergehen lassen wollte. Also habe ich sie in Ruhe gelassen. Es kommt alles, wie es kommen soll. Gegen 11 Uhr waren alle bis auf einen Teilnehmer da.

Wir starteten mit den Hausregeln, damit wir das Seminar später nicht unterbrechen mussten. Hausregeln sind die Regeln vom Seminarhaus, die man einhalten soll. Es war kurz und schmerzlos: Nicht barfuß über den Marmor gehen, nicht nackt herausgehen, sodass die Nachbarn sich nicht aufregen, überall im Gebäude Straßenschuhe ausziehen, nur mit Hausschuhen oder barfuß laufen.

Auch wenn es schon ziemlich spät war und immer noch nicht alle Teilnehmer anwesend waren, beschlossen wir, mit der "Flugsicherheitskontrolle" zu starten und die Teilnehmer für das Händespiel in den Tempel zu führen.

Der Start

Der Start ging wie geplant vonstatten. Die Witze und der Wortwechseln zwischen den Prüfern und Geprüften waren herrlich. Das alles erzielte genau den gewünschten Effekt. „Kann ich etwas länger geprüft werden?", kam eine Stimme aus der Warteschlange und alle lachten los. „Was? Dort kann man auch was verstecken?" Und ein erneutes Lachen.

Tabea und Rolf haben sich Zeit genommen und amüsierten sich köstlich. „Wir müssen sichergehen, dass nichts eingeschmuggelt wird, schließlich arbeiten wir sehr intim. Wer weiß, was die Leute alles aufnehmen wollen", witzelten sie.

Die Atmosphäre war nun aufgelockert. Ich freute mich darüber.

Händespiel *

Das Händespiel fiel leider nicht so prickelnd aus, wie ich es gern gehabt hätte. Alles verlief sehr zurückhaltend. Das Energielevel in der Gruppe war sehr niedrig. Die Kleidung blieb an und nur die Hände waren im Spiel, harmlos aber Aufmerksamkeit schärfend. Möglicherweise hing das damit zusammen, dass alle im Stress angereist waren und ein bisschen runterkommen wollten. Das Händespiel war im Augenblick für alle nur ein Mittel zum Abregen.

Bodyflow *

Dann wechselten wir zu Bodyflow, um das Energielevel zu steigern und die Leute zum Ausziehen mittels Streaptease zu bewegen. Die energische Popmusik startete.

Musik hat einen unglaublichen Einfluss auf unser Gemüt. Wir können mit Musik romantische Gefühle hervorrufen, Trauer oder Leichtigkeit. Musik darf in einem Seminar nie unterschätzt werden. Es ist wichtig, die richtige Musik zum richtigen Zeitpunkt abzuspielen.

Alle begannen zu tanzen. Bodyflow ist ein Pausenfüller, der immer zu Beginn eines neuen Seminarteils für 5–10 Minuten geplant wird, damit alle entspannt zusammenkommen. Bodyflow hat einen begleitenden Effekt, die Menschen beim Tanzen einander oder/und sich selbst näher zu bringen. Die Aufgabe von mir und meinen Assistenten ist es, die Teilnehmer dabei zu beobachten und nicht zuzulassen, dass sie zu tief in sich gehen. Denn dort können sie sich schnell verlieren. Die Leute müssen lernen, die Umgebung und die anderen in dieser Umgebung wahrzunehmen. Handys und Co. bringen uns ständig aus der Realität. Wir müssen lernen, das Hier und Jetzt zu sehen und etwas daraus zu machen.

Das Ziel von Bodyflow war es, die Leute spielerisch zu entkleiden. Ab dem Augenblick begann der nackte Teil meines Seminars.

Manchen Teilnehmern kommt dieser Vorgang zu schnell vor, die anderen dagegen können kaum abwarten, wann der tantrische Teil beginnt. In meinen Seminaren ist es schon vorgekommen, dass die Teilnehmer sich bereits beim Betreten des Seminarraums bis auf den Lungi ausgezogen und gefragt haben, wo sie nun hingehen sollen.

Diesmal wollte ich einen sanften Übergang erreichen, der für alle zufriedenstellend gewesen wäre. Deswegen Bodyflow mit Ausziehen. Der Raum war sehr gut beheizt, das sollte zum einfacheren Entkleiden beitragen. Alle bis auf eine Frau waren froh, die Klamotten abzustreifen und sich die Lungis umzubinden.

Nach dem Bodyflow traf auch unsere letzte Verspätung ein und musste wie alle anderen davor zuerst durch die "Flughafenkontrolle". Tabea nahm sich Zeit. Also verpasste der Teilnehmer die Händespiele und den Bodyflow. Als er zu uns in den Raum kam, verstand ich, welche Wirkung ein einziges Kleinstritual bereits besaß. Der neu Eingetroffene fühlte sich andersartig an. Gut, dass wir noch auf der Oberfläche unseres Verschmelzungprozesses trieben.

Trinkpause

In der Trinkpause brachte jemand die Idee, das Tagesziel groß aufzuschreiben, um es besser im Auge zu behalten. Der Flipchart stand auch bereit in der Ecke. Der erste Tag bekam das Thema „**Sicherheit und Vertrauen**".

> Denn ohne Sicherheit gibt es kein Vertrauen und ohne Vertrauen keine Verschmelzung.

Das Augenritual

Das Augenritual verlief bemerkenswert. Die Teilnehmer saßen sich gegenüber (siehe Skizze bei Ritualbeschreibung) und ich schritt mit meiner Klangschale jeden einzelnen von hinten ab. Am Ende sollte jeder jedem in die Augen geschaut, die Wirkung dieses Blickes gespürt und/oder die eigene Wirkung beim Gegenübersitzenden beobachtet haben. Doch auch dieses Ritual schaffte es nicht, das Energielevel zu steigern. Es fehlte etwas.

Nach dem vegetarischen Mittagessen ging es weiter.

Die nächste Übung sollte auf jeden Fall eine größere Wirkung auf die Steigerung der Gruppenenergie erzielen. Denn wann bekommen vor allem die Frauen die Gelegenheit, die Männer lustvoll zu berühren, ohne gleichzeitig begrabscht zu werden?

Frauen berühren Männer *

Das Ziel war, den Frauen die Möglichkeit zu geben, den Männern zu zeigen, wie sie berührt werden wollen.

Für gewöhnlich stehen uns unsere Ängste im Weg. Wir haben Angst, beurteilt und nicht angenommen zu werden. Deswegen verbanden wir den Männern ihre Augen und stellten sie im Kreis mit den Gesichtern nach außen.

Jemand von den Assistenten kam auf die Idee, den Abstand zwischen den Männern zu erhöhen, sodass die Frauen sich durch die Kreismitte bewegen konnten, um die Männer auch von hinten zu berühren. Die Idee fand ich toll. Die Frauen legten sich richtig ins Zeug, vor allem, weil die Männer die Berührungen nicht erwidern durften. Falls jemand auf die Idee gekommen wäre, eine Frau zu erkunden, durfte die Frau ihm auf die Finger hauen. Aber das war nicht notwendig. Das Spiel war köstlich und alle Beteiligten haben es genossen. Ich war gespannt, was bei der Männerrunde zurückkommen würde.

Männer berühren Frauen *

Als die Männer sich an die Verführung machten, war der Vorgang genauso schön anzuschauen. Sie wollten nicht schlechter dastehen und haben stets auf die Reaktion der Frauen geachtet. Ich auch. Meine Aufmerksamkeit wurde von den neuen interessanten Paarkombinationen gefesselt. Ich nahm mir vor, diese am Folgetag auszubauen, oder zu schauen, wie sie sich von selbst entwickeln.

Ich merkte mir zugleich die "problematischen" Teilnehmer und wollte am kommenden Tag eingehende Beobachtung anstellen, um, falls notwendig, zusätzliche Starthilfe anzubieten.

Nach dem Abendessen standen noch zwei Rituale auf dem Plan. Ich wusste nicht, ob wir durch den verspäteten Start alles schaffen würden, aber ich wollte sie nicht aus dem Programm nehmen, weil jedes davon seine eigene Idee und Philosophie hatte. Die magische Tierwelt und der tantrische Knoten sollten die endgültige Auflockerung in die Gruppe hineinbringen, um sie zu verschmelzen. Denn das Tagesziel war ja schließlich „Vertrauen und Verschmelzung".

Ich beschloss, einfach zu starten und dann zu schauen, wie sich die Sache entwickeln würde. Gelingt's heute nicht, gelingt's morgen.

Das gemeinsame Duschen

Vor "Die magische Tierwelt" sollte die Gruppe duschen. Die neue Regel war: Jeder Teilnehmer sollte mit mindestens einer weiteren Person (muss nicht der Partner sein) zusammen duschen. Sie sollten sich gegenseitig einseifen und abbrausen. Es sollten keine explizit sexuellen, aber ruhig erotische Anspielungen in der Dusche entstehen – eine ungezwungene Spielerei. Es war ein guter Zeitpunkt, Zurückhaltung und Kontrolle über das eigene Verlangen zu trainieren. Lustvoll, aber nicht grabschend, war die Bedingung. Ab jetzt sollte jeder seinen Duschgang mit mindestens einer weiteren Person gestalten.

Die magische Tierwelt *

In der magischen Tierwelt soll jeder Teilnehmer sich ein Tier vorstellen, völlig egal, ob echt oder ausgedacht. Danach sollte man sich in das Tier hineinversetzen:

- das Wesen
- die Laute
- die Bewegungen
- Balz- und Paarungsverhalten

Sie sollten sich in das Tier "verwandeln" und die ihm typischen Verhaltensweisen imitieren. Für dieses Ritual bedarf es einer großen Spielwiese, die ausreichend Bewegungsraum ermöglicht. Die Spielwiese bauten wir aus vielen Matten. Die Teilnehmer mussten nackt sein und mit verbundenen Augen.

Warum nackt?

Zum einen sollten die Teilnehmer ihren Körpergeruch gegenseitig wahrnehmen, und nicht den Geruch des Waschmittels, mit dem ihre Kleidung gewaschen wurde. Schnuppern war ein Teil des Balz- und Paarungsverhaltens. Zum anderen weil sowieso niemand außer den Assistenten, die die Mattengrenzen bewahrten, um die Verletzungen der „Tiere" zu vermeiden, zuschaute. Und mal ganz ehrlich: Welches Tier hat schon Kleidung an?

Die einzige Bedingung war, dass die Hände auf dem Boden bleiben. Die Tiere durften sich mit allen

Körperteilen, aber nicht mit den Handflächen berühren.

Dieses Ritual hat zwei Ziele:

- sich ein passendes Tierwesen aussuchen und sich damit identifizieren
- sich "verwandeln"

Denn wenn wir uns in ein Tier verwandeln können, können wir uns auch in einen Menschen hineinfühlen, um diesen vielleicht besser zu verstehen. Empathie wird somit zu einem wertvollen Werkzeug. Sie hilft sowohl in der Liebe als auch im Kampf.

Der Kontakt zu den anderen „Tieren" soll einem den emotionalen Zugang zu den anderen Wesen und die Akzeptanz ihrer Grenzen, wenn es zur Zurückweisung kommt, verschaffen. Im Leben beziehen wir die Abweisung nicht selten auf unsere Persönlichkeit. Zum Beispiel: „Er will mich nicht, weil ich zu dick/dünn bin" oder „Sie würde mich nicht anschauen, weil ich XYZ nicht habe" oder „Ich werde die Stelle nicht bekommen, weil ich *** bin" usw.

"Die magische Tierwelt" gibt uns die Möglichkeit, angenommen oder abgewiesen zu werden aufgrund unseres Verhaltens oder Körpergeruchs, und nicht wegen unseres Aussehens oder Besitzes. Denn hier sind wir nackt. Hier sehen wir nichts, aber wir riechen und fühlen. Hier gehen wir aus unserem Ich heraus und steigen in ein tierisches Ich. Und sollten wir abgewiesen werden, dann sind es nicht wir, sondern das „Tier", in dem wir sind. Eine fantastische Übung, die tiefer greifen kann, als es auf den ersten Blick scheint.

Das kleine Ritual der magischen Tierwelt begann.

Den Teilnehmern wurden die Augen verbunden, die Waldmusik startete und die Verwandlung ging los.

Zu meiner Überraschung lockerte diese Übung meine "Problemkinder", zugleich entpuppten sich aber neue Teilnehmer als Sorgenkandidaten, die ihre Blockaden nur schwer überwinden konnten. Erfahrungsgemäß ziehen sich die meisten, sobald eine Blockade auftritt, sofort zurück und kochen dann im eigenen Saft. Solche Teilnehmer merke ich mir und versuche passende Methoden zum Weiterkommen zu finden. Wenn aber Schreien, Ausbrüche, Kofferpacksyndrom und genervte Reaktionen, kommen, heißt es für mich „gut gemacht". Die Teilnehmer sollen sich über ihre Grenzen wagen. Sobald sie an die unangenehmen, verdrängten Teile ihrer Psyche geraten, kommt Angst oder Wut zum Vorschein. Dann weiß ich, dass die Richtung stimmt.

Deswegen sollen bei einem Seminar mehrere Assistenten die Gruppe im Auge behalten und die in sich zurückgegangenen Teilnehmer beobachten. Bei diesem Ritual wird klar, warum die Assistenten unbedingt schon mindestens ein Seminar dieser Art mitgemacht haben sollten. Wenn unerfahrene Assistenten ins Team einsteigen, läuft man Gefahr, auch diese emotional auffangen zu müssen, und das kann sehr schnell ungemütlich werden. Emotionsarbeit, gepaart mit Körperarbeit, bedürfen vom Seminarleiter und Assistenten höchste

Konzentration, Geduld, Verantwortungsbewusstsein und Professionalität.

Was bedeutet das?

Konzentration: Emotionsarbeit ist ein sehr feiner Stoff, der bei unachtsamer Herangehensweise schnell zu Verletzungen führen kann. Bei der Ausführung eines noch so kleinen Rituals muss der Leiter seine eigene Wahrnehmung schärfen, um Veränderungen in der Gruppe wie auch bei einzelnen Personen wahrzunehmen.

Geduld: Die Wirkung eines Rituals entfaltet sich nie bei allen Teilnehmern gleichermaßen schnell. Deswegen dürfen die Prozesse zwar beschleunigt, dennoch aber geduldig beobachtet werden, um den richtigen Zeitpunkt zu erwischen. Geduld steht hier auf der Probe.

Professionalität: Wer einmal erlebt hat, wie eine Gruppe durchdrehen kann, und deswegen ins Zweifeln kommt, darf keine Gruppe mit starken Ritualen führen. Denn wir tragen die Verantwortung für die ausgelösten Prozesse.

Der Leiter soll immer im Auge behalten, wann welches Ritual/welche Übung passend ist, und vor allem wann man einen Prozess stoppen/umleiten soll. Beginnt man zu zweifeln, spürt es die Gruppe sofort. Zweifel sind kein guter Partner bei einem solchen Seminar. Deswegen muss der Seminarleiter über ausreichend Psychologie-Kenntnisse und Erfahrung verfügen, um die Emotionen wie Wut, Hass, Angst,

Verzweiflung, Traurigkeit oder Gleichgültigkeit zu erkennen, die Teilnehmer rechtzeitig aufzufangen und die negativen Gefühle transformieren zu können.

Hohes Verantwortungsbewusstsein

Bei Tantraseminaren gilt folgende Regel: Wer den Zugang zu Emotionen öffnet, übernimmt auch die Verantwortung für die Folgen. Die Teilnehmer dürfen das Seminar nicht in einer emotional instabilen Verfassung verlassen. Die innerhalb des Rituals ausgelösten Zustände müssen vorher ins Gleichgewicht kommen.

Ich habe schon Seminare als Teilnehmerin erlebt, in denen die Seminargeber sehr starke Emotionen von der Bühne aus beim Publikum in Gang gebracht und die Menschen dann knallhart damit im Stich gelassen haben. Genau diesen verletzlichen Zustand der Teilnehmer nutzen die Leiter aus, um zum Verkaufsangriff überzugehen. Die Menschen sind bereit, viel Geld auszugeben, um den unangenehmen Teil schnell zu verlassen, egal in welche Richtung: Entweder zurück zu dem, was vorher war, oder schnell nach vorn durch den Schmerz. Ich habe mich über diese emotional verantwortungslosen Methoden, die als Marketingstrategie eingesetzt wurden, sehr gewundert und aufgeregt. Dennoch zahlen viele Menschen mehr Geld für ihr Leiden als für die Heilung.

Und nun zurück zum Die-magische-Tierwelt-Ritual.

Die Tierwelt erfuhr eine überaus gute Resonanz. Das Ganze nahm die erwünschte spielerische Form an und verlief locker. Bei dieser Lockerheit wagte ich es, bei Anbruch der Nacht den tantrischen Knoten durchzuführen.

Der tantrische Knoten **

Dieses kleine Spiel habe ich bei Andro *(Der erste Tantralehrer, der das Tantra in den Achtzigern aus Indien nach Deutschland brachte. Er gründete die Diamond Lotus Schule in Berlin und bildete zahlreiche Tantramasseure aus. Andro ist der erste Pionier und Zünder der Tantrabewegung in Deutschland. Er starb im Dezember 2019)* abgeschaut und fand es zur Auflockerung sowie zum Herstellen des sexuellen Energieausgleichs in der Gruppe geeignet. Eine Gruppe kommt mit völlig unterschiedlichen Temperamenten und sexuellen Hungerzuständen zum Seminar. Ein tantrisches Rituale darf man nicht im Zustand der sexuellen "Unterernährung" durchführen. Denn auf diese Weise kommt die in diesem Moment unerwünschte Energie zum Vorschein, welche sich vielmehr nach Vögeln anfühlt als nach tantrischer Verschmelzung. Deswegen dient der tantrische Knoten als Energieausgleich. Hier wird der Hunger kontrolliert gestillt. Gleichzeitig können die Teilnehmer, die sich noch nicht trauen, Mut beim Zuschauen tanken.

Die Bedingungen waren ganz anders als bei der magischen Tierwelt. Die Augen der Teilnehmer waren nun geöffnet und sie durften sich mit den Handflächen berühren. Auch Sex war erlaubt, falls es dazu kommen sollte. Natürlich hatten wir gleich zu Beginn an Mattenrändern die Kondome ausgelegt, damit bei Bedarf alles griffbereit war.

Die Bedingung war, mit mindestens zwei Personen in Kontakt zu bleiben. Jeder durfte sich für passive oder aktive Berührung entscheiden. Reden verboten, aber Töne und Stöhnen waren erlaubt.

Die Gruppe teilte sich sofort in Aktive und Passive auf. Ein Teilnehmer beispielsweise berührte ein Paar nur mit einem Fuß und legte bei einem anderen nur eine Hand auf. So war er der Passive. Das berührte Paar nahm den Kontakt wahr, beschäftigte sich aber gleichzeitig leidenschaftlich mit sich selbst – sie waren somit die Aktiven. Zusammen bildeten sie einen Dreierkontakt.

Dadurch dass alle auf der Matte sich körperlich sehr nahe kamen, musste niemand einen Spagat machen, um jemanden zu berühren. Es sah aus wie ein menschlicher Knäuel aus nackten Körpern. Manch einem mag dies nur schwer vorstellbar oder gar ekelhaft vorkommen, schließlich ist das, wovon ich hier spreche, eine Nummer härter, als zu einem FKK-Strand zu gehen. Aber auch eine Nummer aufregender.

Dieses Mal kam es nicht zum Geschlechtsverkehr, aber das nackte Gruppenkuscheln war allen Teilnehmern sehr willkommen. Das Schöne am tantrischen Knoten ist, dass jeder mit einer Geste oder einem Kopfschütteln ein klares Nein signalisieren kann, falls er sich unwohl fühlt. Die Frauen haben diese Möglichkeit sofort ausgenutzt.

Sie haben die Nähe von vielen nackten Körper mit einem deutlichen Nein zum Geschlechtsverkehr ausgekostet. Wann sonst kann man schon mit nackten Männer ohne Weiteres kuscheln? Auch für mich war es eine neue interessante Beobachtung, wie ein Raum mit klaren Bedingungen unterschiedliche Energieflüsse fördert.

Ich war mit dem ersten Tag zufrieden. Am nächsten Morgen, nachdem alle ausgeschlafen waren und das Erlebte sich etwas gelegt hatte, gingen wir zu den Vorhaben des zweiten Tages über.

TAG 2: DER PLAN

Der Plan zur Erinnerung: Dreier und Verhaltensregeln

Wie wird ein Dreier gebildet? Was ist das richtige Verhalten? Was machst du, wenn du dich gut auskennst und auf ein unerfahrenes Paar oder eine Einzelperson triffst? Wie sendet eine Frau die Impulse, um ihre Wünsche zu zeigen, oder unangenehme Aktionen zu kennzeichnen, ohne die Energie des Dreiers ins Schwanken zu bringen? Wie wichtig ist die Rolle der dominanten und devoten Person in einem Dreier? Verführung, die Klärung der Aufteilung des Dreiers, Verhaltensregeln, die für spätere Abenteuer nützlich sein können. An diesem Tag üben wir Teamplay in verschiedenen Konstellationen.

- 3 Gruppen bilden (Dom, Dev, Switcher)
- Eifersucht, Vortrag von Evi und Tom (max. 1 Stunde)
- Theorie der Dominanz und Aggressivität
- Die Spirale
- Einstieg- und Sychronspiele
- Einstieg ins Spiel über unterschiedliche Körperteile
- Impulse richtig senden und interpretieren
- Blümchen- / Bienchen-Spiel
- Abendritual „Shiva geht auf die Reise"

Der Plan stand fest und anfangs schien es, als würde es auch so bleiben. Doch letztendlich geschah etwas, das den Plan ins Schwanken brachte. Sogar das Tagesthema blieb nicht unverändert. Ich musste eine Entscheidung treffen. Aus *"Dreier-Verhaltensregeln"* wurde *"Die seelische Reinigung"*.

Um die Dreier anzusteuern, muss jeder Teilnehmer dafür bereit sein. Die Bereitschaft kommt aber erst dann, wenn man mit sich selbst im Reinen ist.

TAG 2: DIE REALITÄT, REINIGUNG

Der Yoga mit Rolf und Agni verlief fantastisch. Der Raum war gut vorbereitet und, obwohl einige Teilnehmer sich verspätet hatten, schafften die beiden es, die Ruhe und den Humor zu bewahren. Ich war stolz auf meine Assistentenauswahl und mein Team.

Zum Schluss merkten alle, dass sie gerne noch eine halbe Stunde länger beim Yoga geblieben wären, doch das Frühstück stand schon bereit und das Seminarhaus hatte uns gebeten, pünktlich zu erscheinen. Somit beschlossen wir, die Frühstückszeiten für den nächsten Morgen zu ändern, um die Yogastunde zu verlängern. Denn niemand wollte freiwillig um 7:30 statt 8:00 zum Yoga kommen. Eine halbe Stunde Schlaf nach einem Abendritual zu verlieren, kam nicht infrage.

Es entstanden Spannungen unter meinen Assistenten, bei manchen setzten die ersten Anzeichen des Kofferpacksyndroms ein, sodass die Aufgaben des Tages umverteilt werden mussten.

Doch alles in allem klappte die Organisation wie geplant: Der Wasser- und Früchtetisch war stets perfekt gedeckt, es wurde permanent für die Blumen gesorgt, der Tempel war durchgehend abgeräumt und sauber. Nach dem Frühstück ging das Programm weiter.

Draußen war es ungemütlich und es regnete.

Ich bekam das Bedürfnis, eine Feedbackrunde zu starten, um die Stimmung und Bereitschaft der Gruppe für die nächsten Übungen zu erfassen.

Da merkte ich, dass die Gruppe noch nicht völlig verschmolzen war, und auch bei manchen Teilnehmer machte sich das Kofferpacksyndrom breit. Oh, oh, dachte ich, mein Plan begann zu wackeln.

Ohne die Einheit der Gruppe konnte ich die nächsten Aufgaben völlig vergessen.

Mein ganzes Team, jeder einzelne, kam in eigene emotionale Prozesse. Die Situation schien außer Kontrolle zu geraten. Auch meinem Mann entging diese Entwicklung nicht. Und da er alle meine Seminare mit organisiert und durchlebt hatte, fühlte er sich verantwortlich, mir bei dem Plan zu helfen, indem er mich an jedes Detail zu erinnern versuchte, was unglaublich nervtötend war.

Das Ganze wurde mir zu viel und ich bat die kleine, stachelige Evi um Hilfe. Sie hielt mir meinen Mann vom Leib, solange ich die fehlenden Puzzleteile suchte.

Ich merkte, dass uns eindeutig die tantrische Umarmung fehlte, die ich am Abend zuvor vergessen hatte. Ich schnappte mir Tabea und wir veranstalteten eine lustige Vorstellung, wie eine romantische französische oder deutsche Umarmung im Alltag oder in einem Film aussehe, und alle lachten. Dann zeigten wir, wie die tantrische Umarmung aussieht, und ab dem Augenblick sollten alle Teilnehmer eine neue Regel befolgen. Bevor sie den Tempel verließen, sollten sie sich mindestens drei Umarmungen holen. Dieser Spruch hat sich mir noch während meiner Tantralehrer-Ausbildung ins Gedächtnis eingebrannt. Mein Mann machte sich gleich zur Aufgabe, den Spruch vor jeder Pause zu wiederholen.

Durch die Feedbackrunde verstand ich, dass weitere Aktionen in die Dreier-Richtung fehl am Platz wären.

Der Einstieg am ersten Tag war gut gewesen, aber die Emotionen waren noch zu schwach. Bei jedem hatte sich etwas bewegt, war aber noch nicht in Schwung gekommen. Vor allem unser verspäteter Kandidat lief sich nur sehr langsam warm. Alle hatten das Gefühl, dass er absolut emotionslos sei. Die Frauen wollten ihn am besten zusammen verprügeln. Komisch war, dass diese negative Haltung synchron aus allen Frauen kam. Den Kerl zu verprügeln kam selbstverständlich nicht infrage, aber ich nahm mir vor, zwei emotional starke Übungen, bei denen bisher noch kein Auge trocken geblieben war, ins Spiel zu bringen.

Und zwar "Die Spirale" und "Die warme Dusche". Zuerst wollte ich mit der warmen Dusche starten, entschied mich beim Anblick unseres Eisblocks jedoch dagegen. "Die Spirale" sollte den Schwung erzeugen und "Die warme Dusche" die dadurch entstandene Wirkung verstärken.

Die Spirale ***

Die Übung ist in einem meiner Seminare aus der Tantramassage entstanden. Eine Frau ist während dieser Übung in den Armen ihres Mannes in Tränen zusammengebrochen. Sie hat uns später erklärt, dass sie und ihr Mann in einem streng katholischen Umfeld aufgewachsen sind und sie diese Art der Umarmung zum ersten Mal in ihrem fast fünfzigjährigen Leben gespürt hat. Das hat mich schon damals geprägt und ich wollte diese auf den ersten Blick einfache Übung in alle meine Seminare integrieren.

Eine Spirale wird um den Körper gedreht und zum Schluss kommt eine tiefe Verneigung mit Verehrung.

Die Entstehung der Spirale

Ich drehe des Öfteren Trailer für meine Seminare, um der Außenwelt einen Einblick in die Übungen zu gewähren. Eines Tages habe ich mir vorgenommen, die Wirkung der Spirale im Trailer zu zeigen. Ich wollte das zusammen mit drei meiner Assistenten umsetzen. Das Video sollte kurz und effektiv sein, jedoch nicht zu viel verraten, um die Menschen da draußen neugierig auf mehr zu machen.

Zu viert haben wir begonnen, die Spirale zu drehen. Da, wo normalerweise nur eine Person die andere gehalten hätte, haben wir dies zu dritt getan. Es ist ein Gänsehaut-Moment gewesen, der uns Halt und Geborgenheit geschenkt hat.

Ich ließ mir fließende Übergänge von einem Teil der Übung zum anderen einfallen und die Spirale war perfekt. Dann stellte sich einmal jeder von uns in die Mitte der Spirale, um zu prüfen, ob die Wirkung bei allen vergleichbar stark sei.

Sie war verblüffend stark. Ich garnierte das Ganze mit einigen wirkungsvollen Worten und alles begann sich auf einmal zu drehen.

Nachdem wir diese Übung mit den Teilnehmern ausprobiert hatten, beschlossen wir, die Gruppe auf 5 Personen zu erhöhen. Und so ergab sich aus der Massage-Spirale ein kleines Ritual, in dem viele Tränen flossen und die Seelenreinigung begann.

Wer die Übung nicht persönlich erlebt hat, könnte Schwierigkeiten bekommen, sie nachzuvollziehen. Dennoch beschreibe ich sie hier.

Die Startposition

Wir benötigen 5 Personen, unabhängig vom Geschlecht. Eine Person steht in der Mitte, zwei seitlich an den Armen, eine hinten und eine vorn.

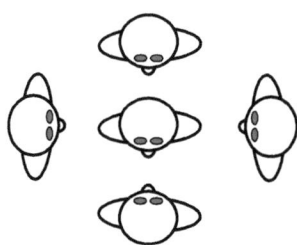

Alle halten zueinander Abstand von ungefähr einer Armlänge, sodass die Person in der Mitte genug Luft und Platz hat. Das ist die Distanz, die zum Start eingehalten werden soll. In diesem kleinen Ritual lernen wir nicht nur, Nähe und Distanz zu kombinieren, sondern auch das Halten und das Gehalten-Werden. Zum Schluss kommt die Verehrung durch tiefe Verneigung.

Der Ablauf:

Die Person vorne schaut der Mitte tief in die Augen und die beiden synchronisieren ihren Atem. Alle anderen passen ihren Atem den beiden an. Auf diese Weise entsteht die notwendige energetische Verbindung. Die Person in der Mitte schließt die Augen und zeigt damit die Bereitschaft zum Start. Die vordere Person fühlt sich hinein und gibt dem Rest der Gruppe das Signal zum Beginn des Rituals. Die Hände werden mit Handflächen nach vorn positioniert, um der Person in der Mitte langsam mit offenen Händen näher zu kommen.

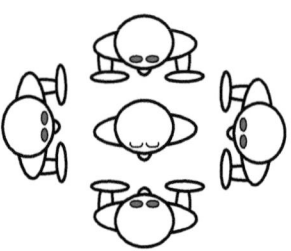

Kurz vor Körperberührung halten alle inne und bringen dann gemeinsam, gleichmäßig und sehr sanft ihre Hände an den Oberkörper der Person in der Mitte. Dann machen alle einen Schritt auf die Mitte zu und umschließen die darin stehende Person. Die Mitte soll sich gehalten und sicher fühlen.

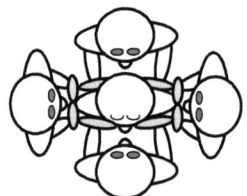

Die Person in der Mitte wird so lange geschaukelt, bis die anderen das Gefühl haben, dass sie losgelassen hat. Das Pendeln wird ruhiger und die Mitte wird zum festen Stand zurückgebracht. In diesem Moment spreche ich die Worte: „Im Leben gibt es immer Hände, die dich halten. Du musst lernen, ihnen zu vertrauen. Und es gibt im Leben Momente, in denen du jemanden hältst. Das Geben und Nehmen soll wie Nähe und Distanz im Gleichgewicht bleiben."

Die Gruppe lässt die Hände am Körper, macht gleichzeitig aber einen Schritt zurück.

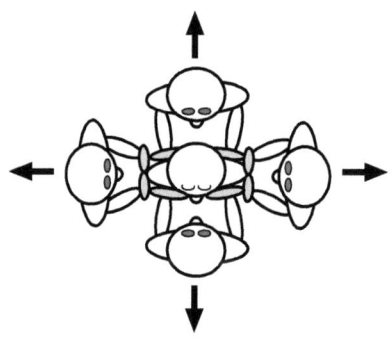

Dann dreht jeder Außenstehende sich so, dass seine rechte Hand mit dem Körper der Person in der Mitte in Berührung bleibt, während sich seine linke löst. Der Kreis dreht sich im Uhrzeigersinn, die Spirale beginnt.

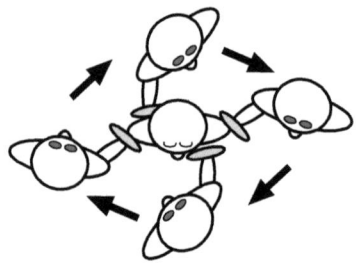

Mit den Händen wird auf der Person in der Mitte eine imaginäre Spirale gezeichnet. Jeder sollte darauf achten, seine Hand mit jeder neuen Drehung tiefer zu setzen. Wenn alle Hände die Körpermitte der Person im Zentrum erreicht haben, nehmen die Außenstehenden gleichzeitig ihre Hände hoch und halten sie eine Weile über dem Kopf der Person in der Mitte zusammen. Alle zusammen atmen synchron tief ein und legen ihre Hände auf den Kopf. Begleitet von einem langen Ausatmen, streicheln sie den Körper der Person in der Mitte nach unten hin, als würden sie ihm eine unsichtbare Schutzhülle überstreifen. Dann verneigen sich vor dem/vor der frisch verwandelten Gott/Göttin. Die Stirne berühren dabei den Boden, die Hände ruhen auf den Füßen der Person in der Mitte. Drei tiefe Atemzüge, dann erheben sich alle wieder und führen ihre Hände am Körper hinauf bis zum

Brustkorb. Von allen vier Seiten fühlt die Person in der Mitte die volle Nähe, bis diese sich nach und nach auflöst.

Zuerst verabschieden sich die zwei an den Seiten stehenden Personen, indem sie die Person in der Mitte entlang ihrer Arme streicheln, bis hin zu den Fingerspitzen. Dann unterbricht die vordere Person ihre Berührung und erst dann nimmt die Person hinten sanft ihre Hand weg. Die Person in der Mitte bleibt alleine gelöst stehen. Sie öffnet die Augen erst dann, wenn sie das Gefühl hat, sie öffnen zu wollen, und sieht das letzte Mal in die Augen der Person, die sie vorn gehalten hat.

Dann steigt eine andere Person in die Mitte und das Spiel beginnt von vorn. Der Wechsel findet so lange statt, bis jeder aus der Gruppe in der Mitte gewesen ist.

Viele Tränen wurden bei diesem Ritual vergossen und viele Emotionen lösten sich. Es ist ein zutiefst reinigender Prozess, den ich mit drei Sternen kennzeichne. Nach diesem Ritual ist auf jeden Fall eine größere Pause notwendig.

Nach "Die Spirale" nahmen die Prozesse in der Gruppe ihren Lauf. Einige weitere Teilnehmer wollten auf einmal weg. Ich wollte sie auf keinen Fall aufhalten, aber ich wollte, dass sie wenigstens noch die nächste Übung durchstanden, ehe sie sich in ihrer Entscheidung festigten. Das mache ich öfter, wenn ich starken inneren Widerstand vom Teilnehmer wahrnehme. Jemanden zum Bleiben zu überreden, bringt nichts, wenn man sich für die Abreise entschieden hat. Nur ebenjene innere Kraft, die einen zur Abreise bewegt hat, kann die Entscheidung umkehren.

Da ich die Wirkung der nächsten Übung kannte, war ich zuversichtlich, dass die Teilnehmer sich danach Gedanken über die Sinnhaftigkeit der Abreise machen würden.

Was unseren Eisblock anging, zeigte "Die Spirale" bei ihm keine Wirkung. Doch ich war mir sicher, dass "Die warme Dusche" es schaffen würde, ihm endlich mal Emotionen zu entlocken.

Für gewöhnlich führe ich diese zwei Übungen nie direkt nacheinander aus. "Die Spirale" alleine ist schon heftig genug. "Die warme Dusche" ist für mich auch eine Drei-Sterne-Übung. Zwei aufeinanderfolgende Übungen dieser Sorte können aufgrund ihrer hohen emotionalen Intensität extrem belastende Auswirkungen entfalten.

Ich klärte die Gruppe über die möglichen Folgen auf und fragte, ob alle sich fit genug fühlten, um das durchzustehen. Alle stimmten zu.

Na dann, willkommen in der Welt der warmen Dusche.

Die Warme Dusche ***

Im Alltag beklagen wir ständig, was uns nicht gefällt. Manche Menschen triggern uns und wir kommen vor Aufregung darüber nicht zur Ruhe. Warum macht er/sie das? Eigentlich regen wir uns nur über Personen auf, die sich wie wir selbst verhalten. Nur dann lösen sie in uns etwas aus. Wir sehen schnell das Negative in anderen und geben uns weniger Mühe, in ihnen (wie auch in uns selbst) die positiven Seiten auszumachen. Unser Selbstwertgefühl fällt tiefer und tiefer. Wir geben immer öfter anderen die Schuld daran, dass wir unglücklich sind, oder fühlen uns nicht würdig, einen liebevollen Partner oder eine erfüllende Arbeit zu haben.

Deshalb ist es wichtig, jeden, der uns triggert, genau unter die Lupe zu nehmen. Denn es geht dabei immer auch um uns! Wir nörgeln über die anderen und erhalten das Gleiche zurück. Demzufolge fehlt es uns schwer, ehrliches Lob anzunehmen, denn wir haben verlernt, uns selbst zu schätzen.

Wir fühlen uns dabei nicht wohl. Scham oder Verdacht einer hinterhältigen Botschaft überführt uns. Deswegen entweder rechtfertigen wir uns sofort (Ich war sowieso auf dem Weg) oder vernichten es gleich (Ach, nicht der Rede wert). Im besten Fall bedanken wir uns für das Kompliment. Vor allem die Männer sind es überhaupt nicht gewöhnt, Komplimente zu erhalten.

"Die warme Dusche" ist eine Übung, Komplimente zu machen und zu empfangen. Sie steigert unser Selbstwertgefühl und gibt uns Feedback zu dem, wie die Außenwelt uns wahrnimmt. Manchmal sehen andere Menschen Dinge in uns, die uns selbst nicht mehr bewusst sind, und diese finden sie einfach schön.

Bei dieser Übung werden die meisten Tränen vergossen. Tränen reinigen die Seele. Schließlich kommen sie aus den Augen, die man als Tore zur Seele bezeichnet.

Die Ausführung der warmen Dusche:

Orientierungszeit: 15 Minuten pro Person.

Diese Übung kann man als Paar oder in einer kleinen Gruppe ausführen.

Zu zweit setzt man sich einander gegenüber. Bei einer Gruppe bleibt eine Person an der Wand stehen und die anderen sitzen im Halbkreis und schauen zu dieser Person hinauf. Das Hinaufschauen dient dabei als Verstärker. Es ist so, als würde die Person an der Wand auf einem Thron sitzen und von allen Seiten Lob empfangen.

Die Komplimente sollten ehrlich sein und, wenn es geht, in Verbindung mit einer Situation, in der die gelobte Eigenschaft stattgefunden hat, stehen. Das gibt der Person, die das Kompliment empfängt, ein Gefühl, dass man aufrichtig zu ihr ist, weil man das Gesagte mit einem Beweis unterlegt. Zwischen den Komplimenten soll wenigstens ein paar Augenblicke lang Pause eingehalten werden, sodass der Empfänger von Komplimenten nicht überrollt wird und diese sich nicht als Last anfühlen.

Die Komplimente sollen so beginnen:

Ich mag an dir, dass …

Mir gefällt an dir, dass …

Ich freue mich darüber, dass …

Ich finde an dir, dass ...

Wenn es geht, mit konkreten Beispielen untermauern.

Der Empfänger soll dem Komplimentgeber in die Augen schauen, schweigen und tief atmen, um sie gut aufzunehmen. *Ja, das bin ich. Alles, was er/sie sagt, bezieht sich auf mich.*

Am Ende **bedankt sich der Empfänger nicht**, sondern verabschiedet sich nur und setzt sich hin, um einem anderen Teilnehmer den Thron zu überlassen. Wenn die Übung nur zu zweit ausgeführt wird, sollte man ein paar tiefe Atemzüge zur Verarbeitung der Komplimente vergehen lassen, bevor die Rollen getauscht werden.

Und so geschah es in der Gruppe

Als ich "Die warme Dusche" erklärt hatte, waren alle cool und haben es verstanden. Wir haben uns in zwei Gruppen aufgeteilt und weit auseinander auf die gegenüberliegenden Seiten gestellt, damit wir uns gegenseitig nicht hören und nicht stören konnten.

Die ersten Empfänger haben es immer einfacher, weil sie noch nicht wissen, was auf sie zukommt. Der Letzte hat es am schwierigsten, weil er die Emotionen aller anderen gesehen und vielleicht auch gefühlt hat.

Die Ausführung war klar, der Gong zum Start ertönte.

Von einer Gruppe kam zwischendurch ein herrliches Lachen, wohingegen die andere vielmehr in den emotionalen Fluss vertieft war. Als unser Eisblock an der Reihe war, setzte ich mich auch dazu und übergoss ihn mit Komplimenten, eins nach dem anderen, natürlich mit Pausen dazwischen. Ich beobachtete seine Reaktion, um zu schauen, ob er überhaupt Emotionen besitzt. Der Mann war so verkopft, dass mich das Gefühl beschlich, er habe eine dicke Schutzmauer aus Beton um seine Seele gebaut.

Bei der Annahme der Komplimente war er unruhig, zappelte und wollte ständig was entgegnen. Diese Unrast sagte mir, dass er zwar Emotionen besitze, diese jedoch nicht zulassen wolle, oder sogar der Meinung sei, dass er sie nicht zulassen dürfe.

In der Pause bestätigte er meine Vermutung, indem er fragte: „Warum weinen sie alle? Das sind nur Komplimente. Und vor allem warum weinen die Männer?" Er war der Meinung, dass Männer Geld verdienen müssen und bewertete jede Emotion, die sie zeigten, als eine Schwäche. Er könne es sich aber nicht leisten, schwach zu sein.

Ich versuchte ihm zu erklären, dass er sich nicht auf die anderen konzentrieren, sondern seine gesamte Aufmerksamkeit auf sich selbst richten sollte. Beurteilen wir die anderen, ist es ein Zeichen dafür, dass wir von unserem inneren Zustand eine Ablenkung suchen und diesen auf unsere Umgebung projizieren. Ganz nach dem Motto „Was Peter über Paul sagt, charakterisiert eher Peter als Paul".

„Heute Abend kannst du dich entspannen und deine Männlichkeit unter Beweis stellen", sagte ich ihm. Für den Abend war ein schönes Ritual „Shiva geht auf Reisen" geplant.

Nach der warmen Dusche mit drei Umarmungen beim Verlassen des Tempels gingen alle schweigend zum Abendbrot. Es knisterte in der Luft. Die Gruppenprozesse nahmen ihren Lauf.

Mein ursprünglicher Plan wurde gestört. Ich musste einen großen Teil des Vormittagsvorhabens streichen, weil die Gruppe nicht dazu bereit war.

Alle waren sehr stark mit sich beschäftigt, stellten die gewohnten Werte infrage und unterzogen sie einer Prüfung. Auch ich musste nachdenken und stellte fest, dass ich rasch einen komplett neuen Plan, passend zur aktuellen Gruppenentwicklung, aus dem Ärmel zaubern musste. Doch das hatte Zeit bis zum nächsten Tag. An jenem Abend mussten wir noch das lustvolle Ritual gestalten, das seinerseits weitere unerwartete Prozesse hätte auslösen und die Stimmung aufs Neue zum Kippen bringen können. Ich leitete zuerst die Vorbereitung zum Abendritual ein.

Alle sollen wie besprochen mindestens zu zweit vor dem Ritual duschen gehen. Als ich mit meinem Mann in der Dusche stand, kam Agni rein und fragte, ob sie sich zu uns gesellen könne. Wir lachten viel in der Dusche und entwickelten ganz nebenbei neue Duschvorgänge. Da kam noch Antje (Teilnehmerin) rein und fragte, ob auch sie bei uns mitmachen dürfe. Sie konnte den Eisbrocken-Roni nicht finden, wollte aber wie die anderen Teilnehmer mit wenigstens einer weiteren Person duschen. Da es zu viert in der Dusche zu eng wurde, beschloss ich, rauszugehen, und überließ meinen Mann zwei schönen Frauen.

Draußen traf ich Roni, der mir mitteilte, dass er leider über 100 WhatsApp-Nachrichten erhalten habe und dringend wegfahren müsse, weil ihm sonst ein wichtiges Geschäft entgehen werde. Er wollte aber morgen auf jeden Fall zurückkommen. Das Kofferpacksyndrom schnappte zu.

Vorbereitung zum Ritual

Der emotionale Teil mit reichlich Reinigungstränen war für heute beendet und wir bereiteten uns gegen Abend auf eines der Lieblingsrituale der Teilnehmer vor. Das Ritual konnte nicht oft genug wiederholt werden. Es ist wie ein Radiohit, der ständig gespielt wird, und sich sogar nach Jahren gut anhört.

Das Ritual heißt „Shiva geht auf die Reise". Die Ausführung gestaltet sich harmlos und kann beliebig variiert werden. Da dieses Ritual für Anfänger gedacht ist, wird dabei auf keinen Fall Geschlechtsverkehr angeleitet. Dieses Ritual erlaubt es Frauen, sich zu öffnen, und gibt ihnen die Möglichkeit, unterschiedliche Männerenergien zu spüren. Gerade weil hier kein Geschlechtsverkehr vorgesehen ist und die Kontrolle der Leitung obliegt, sind die Frauen bei diesem Ritual sehr entspannt. Deswegen betone ich an dieser Stelle noch einmal, wie entscheidend unser erster Tag mit dem Thema **„Vertrauen und Sicherheit"** für das Seminar gewesen ist.

Ohne Vertrauen würden die Frauen im Ritual selbst die Kontrolle behalten. Letztendlich würden sie sich verschließen, weil sie Angst hätten, dass die Situation außer Kontrolle geraten könnte.

Ritual: Shiva geht auf die Reise **

Das ist das Lieblingsritual aller Zeiten. Es verläuft entspannt und ungezwungen, hat aber eine tiefe emotionale Wirkung.

Platzvorbereitung

Die Matten werden kreisförmig (wie die Blütenblätter einer Blume) ausgelegt. Der Platz ist schön geschmückt und die Augenbinden liegen griffbereit auf jeder Matte.

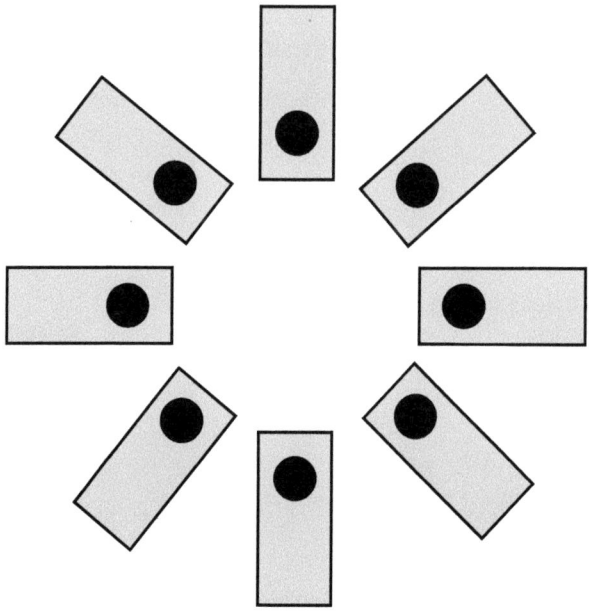

Die Ausführung

Die Shaktis werden einzeln in den Tempel geführt. Sie haben ihre Lungis an. (Im Tantra wird ein Mann zum Gott Shiva und eine Frau zur Göttin Shakti vor einem Ritual verwandelt) Ich schaue jeder Shakti in die Augen und setzte ihr einen roten Punkt auf die Stirn, begleitet von Widmungsworten wie z.B. „Danke für dein Vertrauen, genieße es." Dann bringe ich sie zu ihrem Platz auf die Matten und sie setzt sich auf ein Sitzkissen mit dem Gesicht nach außen.

Danach treten die Shivas in den Lungis einzeln in den Tempel ein. Ich schaue jedem einzelnen in die Augen und bringe ihn zum Platz vor den Matten mit dem Gesicht zur Shakti.

Die Trommelmusik startet und die Shivas beginnen vor der Matte (im Ritual "Shaktis Tempel" genannt) zu tanzen. Ein Shiva gibt alles, um seine Shakti zu beeindrucken. Es ist sehr schön anzuschauen, wie die Shivas im Kreis alles geben, als würden sie einen Paarungstanz vorführen. Shaktis nehmen es mit einem Lächeln an, belustigt und dennoch fasziniert. Man sollte das Leben nicht immer zu ernst nehmen. Da draußen würden wir keinen Paarungstanz präsentieren. Obwohl ... In den Clubs versuchen Jungs wie Mädels mit ihren Bewegungen so viele Partner wie möglich anzulocken. Der beste Tänzer oder die beste Tänzerin hat immer eine größere Auswahl.

Wir Erwachsene haben durch unsere Alltagsprobleme verlernt, ab und zu den Partner mit irgendeinem

Blödsinn zu beeindrucken, um ihm einfach ein Lächeln zu entlocken.

Die Musik wird ruhiger und auf die Anleitung hin tritt der Shiva in den Tempel der Shakti ein. Er lässt sich nieder, schaut sie liebevoll an, betrachtet alles an ihr so, als ob er gerade seinen größten Schatz entdeckt habe. Er nimmt sehr langsam ihre Lungi ab, als würde er das schönste Geschenk auspacken. Dann richtet er ihre Haare und betrachtet noch einmal das wunderschöne Wesen, das vor ihm ganz nackt sitzt.

Dann nimmt er die Augenbinde und setzt sie Shakti auf. Erneut berührt er die Gestalt von Shakti. Er verabschiedet sich mit einer tiefen Verneigung und zieht zum nächsten Tempel. Damit die Shaktis sich nicht die nächsten Shivas merken, werden die Shivas bei der ersten Bewegung im Kreis um ein paar Plätze weiterziehen.
Die Reise hat begonnen. Der nächste Shiva tritt in den Tempel ein und flüstert Shakti die schönsten Komplimente ins Ohr. Shiva darf Shakti nicht berühren, nur seine süßen Worte fließen in ihr Ohr. Nach einiger Zeit verlässt auch dieser Shiva den Tempel und zieht mit einer tiefen Verneigung zur nächsten Shakti.

Angekommen im nächsten Tempel, berührt Shiva, wie angeleitet, die nächste Shakti mit seinem Atem, der Shaktis Körper mal heiß und mal kalt streift, alles langsam und mit Gefühl. Alle anderen Berührungen sind nicht erlaubt. Shakti nimmt nur das Pusten oder Hauchen wahr.

Auch diese Zeit vergeht und der Shiva muss leider weiterziehen. Er steigt aus dem Tempel, verneigt sich vor Shakti und zieht zum nächsten Tempel.

Angekommen im nächsten Tempel, setzt sich Shiva vor die Shakti und sie darf ihn ertasten. Welcher Shiva sitzt denn vor ihr? Sie soll mit geschlossenen Augen Shivas Körper liebevoll erkunden. Nach einer Weile muss auch dieser wundervolle Shiva abreisen und mit einer tiefen Verneigung zum nächsten Tempel ziehen.

Und wieder steht Shiva vor einem neuen Tempel. Shakti will ihn hereinlassen, aber Shiva weigert sich. Jetzt ist sie an der Reihe, ihn zu verführen. Eine reizende Musik beginnt und Shakti versucht mit gebundenen Augen ihren Körper so zu bewegen, dass Shiva Lust auf sie bekommt. Sie darf alle Tricks der Verführungskunst einsetzen. Nach diesem Verführungstanz tritt Shiva in den Tempel ein und beginnt, Shakti am ganzen Körper zu streicheln. So, als wollte er sagen: "Du hast es geschafft, aber ich will diesen Augenblick noch genießen." Nach einer Weile nimmt er ihr die Augenbinde ab und sie sieht vor sich denselben Shiva, der ihr die Augenbinde aufgesetzt hat. Es entsteht das Gefühl, als sei es die ganze Zeit über **DER** Shiva gewesen.

DER Shiva ist zurückgekehrt.

Erklärung des Sinns des Rituals „Shiva geht auf die Reise"

Das Ritual schärft die Wahrnehmung der einzelnen Sinnen und gibt Shaktis die Möglichkeit, unterschiedliche Energien von Shivas zu fühlen, ohne dabei schlechtes Gewissen zu entwickeln. Die Variationen der weiteren Reisen stehen frei. Wichtig dabei ist, dass stets nur ein Sinn berührt wird oder nur mit einem Sinn berührt werden darf. Wir flüstern ins Ohr und berühren nur mit unseren Worten. Wir können riechen, schmecken, mit einer Feder oder mit den Händen streicheln, jedoch nicht alles auf einmal. Es ist ein schönes Erlebnis für Shaktis wie auch für Shivas, eine solche Vielfalt der Lust ohne Geschlechtsverkehr zu empfangen und eigene Empfindungen dabei zu überprüfen.

Nachdem **DER** Shiva zurückgekehrt ist, verneigen sie sich und das Ritual ist damit beendet. Wenn aber das Paar noch weiter spielen möchte, bleiben sie im Tempel. Wer aber Schluss macht, sollte den Tempel schweigend verlassen, um andere beim Genuss nicht zu stören. Man darf auch bleiben und die Paare schweigend beobachten.

TAG 3: PLAN VERNICHTET

Der Plan für den zweiten Tag war größtenteils vernichtet, das hieß für mich, dass ich den dritten Tag nicht wie geplant gestalten konnte. Die Grundlagen, die ich für den zweiten Tag angepeilt hatte, fehlten nun und die Zeit lief.

Mir wurde klar, dass das vorgesehene Abend-Ritual als absoluter Höhepunkt unter diesen Umständen unpassend war. Es gab zu wenig Zeit für die Übungen und die Gruppe war emotional erschöpft. Ich wusste nicht, wie es weitergehen sollte, und beschloss, die Gruppe selbst zu fragen. Was konnten sie noch empfangen? Welches Wissen würde sich für sie an dieser Stelle stimmig anfühlen?

TAG 3: DIE REALITÄT, BONDING

Yoga begann dieses Mal pünktlich und das trotz des langen gestrigen Rituals. Die zwei Yogalehrer hatten sich erneut gut abgestimmt und alles fühlte sich stimmig an.

Ich suchte nach einem passenden Tagesthema für den dritten Tag. Jeder war mit seinen Problemflecken in Kontakt gekommen. Ich merkte, dass jeder damit beschäftigt war, seine Emotionen zu verarbeiten, und dieser Prozess blockierte die Lust. Wir kommen nicht weiter, wenn keine Befreiungsaktionen durchgeführt werden. Denn die Emotionen kochen, aber kommen nicht raus. Die Luft im Seminarhaus fühlte sich schnittfest an.

Ich wollte mich nicht am Befreiungsprozess der Teilnehmer beteiligen. Ich wollte nicht die Befreierin sein wie mein Lehrer. Ich lehre die bereits befreite Lust zu kontrollieren. Der Weg zur Befreiung ist nicht meine Spezialität. Ich weiß, welche Kraft und Beherrschung es erfordert. Einer meiner Lehrer, Lucian Loosen, nennt sich "Lucian der Befreier" und wird seinem Namen stets gerecht.

Die tantrische Verschmelzung und Orgasmus

Ich wollte die Lustgöttin werden, die den Menschen beibringt, ihre Lust zu kontrollieren und somit zur höheren spirituellen Sexualität zu gelangen, in der Körper, Geist und Seele gleichermaßen beteiligt sind. Körperliche Lust soll sich durch die Anleitung des

Geistes und die verborgenen Wünsche der Seele verschmelzen, um so zu einem einzigartigen Orgasmus zu kommen, das einen mit dem gesamten Universum verbindet. Es hört sich verrückt an. Hätte ich es vor meiner Tantralehre nicht mehrfach selbst erlebt, wären weder das Buch noch die Seminare von mir entstanden. Genau diese Art des Orgasmus hat in mir so viele Fragen aufgeworfen, dass die Suche nach Antworten zum Tantra geführt hat. Früher habe ich es spontan erlebt, mit tantrischen Werkzeugen kann ich das Erlebnis steuern und den Menschen in meinen Seminaren wie ein Reiseführer den Weg zu dem Erlebnis zeigen, mit allen Erklärungen, die dazu gehören.

Um diese Art des Orgasmus zu erleben, müssen Mindestvoraussetzungen erfüllt werden, und dies war innerhalb der Gruppe im Augenblick nicht der Fall. Ich vertiefte mich in meine Gedanken, mit lauter Musik in der Pause, als niemand sich im Tempel aufhielt, tanzte ich wie verrückt, und plötzlich merkte ich die Befreiung.

Ja, das Motto des Tages würde „Befreiung und Verschmelzung" lauten. Die Sicherheit und das Vertrauen zu mir und zu meinem Team war da, dennoch fehlte noch etwas. Ein verbindender Zwischenschritt musste her.

Doch bevor die Realität wieder zuschlägt, beschäftigen wir uns noch etwas mit der Theorie.

TAG 3: DIE THEORIE

Zuerst sollten wir lernen, Körper, Geist und Seele in uns zu verschmelzen. Erst dann gelingt es uns, die Verschmelzung mit anderen zu erleben und im höchsten Maße zu fühlen, und zwar unabhängig davon, ob der andere es auch kann oder nicht. Deswegen ist es umso wichtiger, zuerst sich selbst von so vielen innerlichen Zwängen und gesellschaftlichen Normen wie möglich zu befreien. Denn diese bremsen uns beim Genuss und machen uns von jenen abhängig, die uns den Genuss schenken.

Wir sind dann auch von deren Zeit und Lust abhängig und verarbeiten die Trennung schwer, wenn unser Partner (die Genussquelle) uns verlässt. Warum wollen wir dann uns selbst nicht zu einer Genussquelle entwickeln?

Es beginnt bei uns. Die Symbiose zwischen Körper, Geist und Seele zu verstehen.

Dafür müssen wir erstmal diese drei Begriffe definieren.

Körper

Wenn wir unseren Körper losgelöst von allem betrachten, ist es eine biologische Masse, die über komplizierte chemische Abläufe verfügt und 5 Sinnesorgane besitzt, über die wir Gefahren, aber auch Genuss wahrnehmen.

Unser Körper kann hören, sehen, riechen, schmecken und fühlen. Diese Organe arbeiten intuitiv miteinander. Diese Grundfähigkeiten müssen nicht gelernt werden, sie sind einfach da und deswegen wird dem Zusammenhang der Sinne die kleinste Aufmerksamkeit geschenkt. "Riechen und Schmecken muss doch nicht gelernt werden", höre ich. "Denn jene, die es nicht zu beherrschen vermochten, sind schon längst ausgestorben."

Erst recht beim Sex wird alles auf die nötigsten Reize reduziert, damit man möglichst schnell ans Ziel (durch den Geschlechtsverkehr zur Fortpflanzung) kommen kann und die drei Sekunden der Ejakulation als angenehmen Nebeneffekt des Höhepunkts genießt.

Wir drehen ein bisschen an den Brustwarzen, begrabschen hier und da, und dann muss die andere biologische Maschine schon fertig zum Reinstecken sein. Wenn es so nicht läuft, wird ein wenig Gewalt ausgeübt, dann läuft's wieder. Wir bumsen, statt zu lieben. Fürs 3 Sekunden lange Abspritzen wird vergewaltigt und getötet. Die frustrierten Völker beginnen die Kriege.

Unser Körper kann aber viel mehr als nur das. Oder kennst du glückliche und erfüllte Menschen, die

Kriege gezündet haben? Ich kenne nur die großen Erschaffer wie Einstein, Picasso, Goethe, die viel guten Sex hatten und schöpferische Kraft daraus zogen. Das Zivilisationslevel kann man unter anderem an der sexuellen Kultur messen. An dem, wie die sexuellen Minderheit und Frauen wahrgenommen und behandelt werden, erkennt man, inwieweit die Zivilisation entwickelt ist.

Ich steige noch tiefer. Es sind nur 3 Sekunden, die zu beherrschen ein Mann lernen muss, um Kriege zu vermeiden. So einfach und für die meisten Männer doch so kompliziert.

Selbstbeherrschung gehört gerade nicht zu den männlichen Stärken. Wie schade. Die impotenten Politiker erhalten die Macht, ihre Impotenz auf der großen politischen Bühne auszuspielen, um ihre Schwänze in den Kriegen zu messen. Das sind die Folgen unserer sexuellen Kultur, deren Entwicklung leider noch in der Steinzeit steckt.

Männer können den Genuss viel länger als nur diese 3 Sekunden empfangen. Tantra heißt in einer direkten Übersetzung "Ausdehnung der Lust". Frauen können einen stundenlangen Orgasmus von Natur aus haben. Dank unserem Geist, der die Fähigkeit besitzt, schnell zu lernen, können Techniken beherrscht werden, den Genuss nach Lust und Laune zu zünden, auszudehnen und zu kontrollieren. So wie die Menschen in der Steinzeit es mit Feuer taten. Die Beherrschung des Feuers brachte die Zivilisation weit voran. Die Beherrschung des sexuellen Feuers und die Entwicklung der sexuellen Kultur öffnen uns die Türen zur ungeahnter schöpferischen Kraft.

Geist

Der zweite Teil unseres Trio ist unser Geist. Das sind unsere Gedanken und unser logisches Denken. Dank unserem Geist können wir lernen und logische Ketten bilden, die uns am schnellsten zu einem Ziel bringen. Also bedeutet unser Geist unsere Gedanken. Können wir unsere Gedanken gut strukturieren und viele Informationen richtig verarbeiten, sind wir erfolgreich. Also nutzen wir dieses Phänomen auch für unsere sexuelle Entfaltung, indem wir mit unserer Sexualität experimentieren, sie erforschen und lernen.

Die Seele

Im Alltag sind wir gewohnt, uns um unseren Körper zu kümmern oder unseren Geist fortzubilden. Das sind die sichtbaren Dinge. Was ist aber mit unserer Seele? Sie ist verborgen von den Blicken der Außenstehenden, deswegen wird sie oft vernachlässigt. Als würde man sagen: „Egal, sieht sowieso niemand. Wenn ich Zeit habe, kümmere ich mich darum." Es ist wie die Ordnung zu Hause. Die Oberfläche wird aufgeräumt und in den Schränken herrscht ein Durcheinander – sieht doch eh keiner, kann später gemacht werden. Später wird das Ganze erneut auf später verlegt und eines Tages macht es Bum. Zuerst schreit die Seele, dann warnt sie und beschert uns Depressionen oder andere psychische Leiden, und wenn wir dann immer noch nicht auf sie hören, versucht sie sich von unserm Körper zu befreien und kann uns sogar in den Selbstmord treiben. Es ist die Seele, die so verletzlich und so schwach ist, aber zugleich so viel Kraft hat, unser Leben mit Sinn zu erfüllen oder es uns gar zu nehmen.

Was ist das für ein Wesen, das wir weder sehen noch definieren können? Gibt es sie überhaupt? Die Seele ist für unsere Wünsche, Emotionen, unsere Liebe und Empathie zuständig. Seele ist das, was uns Menschen menschlich macht. Genau sie bringt uns zur Verschmelzung. Nur durch unsere Seele besitzen wir die Fähigkeit, mit jemandem zu fühlen, zu leiden, zu fiebern. Nur dank unserer Seele können wir bei einem Film weinen. Seele ist unsere Emotionen.

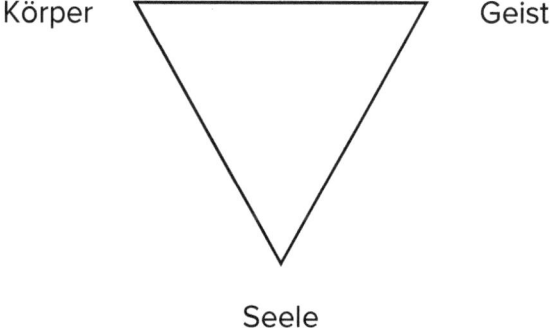

Die Seele hält alles im Gleichgewicht. Legen wir im Alltag den Schwerpunkt auf den Geist, können wir zwar Erfolge feiern, sind aber nicht sehr glücklich mit dem verdienten Geld und Einfluss. Legen wir die Betonung auf unseren Körper, gehen ins Fitnesstudio, ziehen uns gut an und verwöhnen unseren Körper, dann ziehen wir alle Blicke auf uns, werden bewundert, schrecken aber zugleich jene ab, die das

Leben mit uns verbringen wollen. Wir bekommen nie genug Bewunderung und gerade die Schönheiten sind oft einsam. Narzissmus breitet sich dadurch in der Gesellschaft aus.

Unsere Seele bleibt in beiden beschriebenen Fällen außer Acht. Der eine denkt, dass man alle Probleme mit Geld lösen könne, der andere glaubt, dass ein flacher Bauch ihm Liebesglück bescheren würde. Wir optimieren uns und versinken somit noch tiefer in unseren Abhängigkeiten. Wenn ich nur dies oder jenes hätte … Die Seele wartet, und sobald jemand kommt, der vielleicht zu uns passen könnte, stellen wir fest, dass er auch Wünsche und Ansprüche hat. Wieso, ich bringe doch alles mit! Darf der Partner noch eigene Ansprüche haben? Somit müssen wir uns jetzt für zwei anstrengen, um uns gegenseitig zu genügen. "Damit er mich weiter liebt, muss ich noch die Brüste vergrößern und mir die Falten unterspritzen lassen, denn ich darf nicht altern, sonst wird er mich verlassen." Der Wettkampf und das Unglücklichsein mit sich selbst hören nicht auf.

Es gibt aber auch andere Menschen, die mit wenig glücklich sein können, und wenn das Leben sie plötzlich üppig beschenkt, bleiben sie auch im Überfluss weiterhin glücklich.

Unser Glück und unser Genus sind damit weder von unserem Aussehen noch von unserem Haben abhängig.

Die Komponenten dieses Trios werden in den meisten Fällen getrennt voneinander wahrgenommen und behandelt. Das Ziel ist, ihnen beizubringen, füreinander da zu sein und eine Symbiose zu bilden.

Die Wünsche unserer Seele sind heilig

An dieser Stelle erzähle ich eine Geschichte aus meinem Leben zur Verdeutlichung des philosophischen Teils.

Als ich unbedeutend und arm war, träumte ich, ans Meer zu fahren. Da unsere Finanzen sehr begrenzt waren, hatte ich diese Möglichkeit nicht. Mit 16 bekam ich die Gelegenheit, mit meiner Schwester und meinem Neffen eine Woche am Meer in einem primitiven Bungalow zu verbringen. Als ich dort ankam, war ich begeistert und zog mich sofort nackt aus. Ich wollte das Meer an meinem Körper spüren. Die Blicke von vielen Menschen am Strand waren nicht zu übersehen. Mir war es egal, ich genoss das Meer und aus dem Meer blickte ich auf ein teures Hotel. Ich fragte mich, wie es wohl wäre, wenn ich in diesem Hotel statt in einem Bungalow den Urlaub verbringen würde. Ich würde im selben Meer baden und mich unter derselben Sonne bräunen. Aber was war das, wodurch diese Menschen im Hotel glücklicher sein sollten als ich? Der Unterschied zwischen uns war nur der Übernachtungsplatz. Also war ich nicht weit von den reichen Menschen entfernt, sowohl physisch als auch geistig. Der Unterschied zwischen uns war der Schlafplatz und mein seelischer Zustand. Ich wünschte, ich wüsste, ob jemand aus dem Hotel das gleiche Glücksgefühl empfinden würde, wenn wir den Schlafort wenigstens für eine Nacht tauschen würden.

Später, als ich erwachsen wurde, konnte ich's mir erlauben, meine Urlaube in Viersternehotels zu verbringen, aber das Gefühl von damals blieb unverändert. Ich traf Menschen in diesen Hotels, die ständig ihr Glück suchten, unabhängig von deren Einfluss oder Schönheit.

Glückliche Menschen ziehen uns an und wir wollen ständig in ihrer Nähe sein. Wir wollen von ihrer Energie tanken oder ihr Glücksrezept enthüllen. Das Rezept ist aber in unserer Seele, nicht in den anderen versteckt. Wir müssen nur tief genug graben und zuhören lernen.

Die Trio-Symbiose

Wenn wir uns tief in der Seele wünschen, geliebt und angenommen zu werden, sollten wir zuerst lernen, uns selbst anzunehmen und zu lieben, und die Außenorientierung zu trennen. "Ich will sein **wie** ..." ist dabei der falsche Einsatz. "Ich will ich **sein**" – das ist das Richtige. Befreiung beginnt in uns.

"Er/sie macht mich unglücklich, weil ..." Schuldzuweisungen müssen gelöst werden. Es ist ein schmerzhafter Prozess, die Schuldenlast von jemand anderem plötzlich auf uns zu übertragen, um sich dann davon zu trennen.

Ich bin unglücklich, weil ich von anderen erwartet habe, was sie mir nicht geben können. Deswegen müssen wir auf dem Weg der Befreiung zuerst unsere Wahrnehmung schärfen. Unsere Seele ist genauso von unserem Geist und Körper abhängig, wie umgekehrt. Die Seele kann sich etwas wünschen, der

Geist muss es ansteuern und der Körper soll es ausführen. Die Seele bewegt den Geist und der Geist bewegt die Materie, in dem Fall unseren Körper, zu bestimmten Vorgängen.

Damit begann unser dritter Tag.

Der Tag der Befreiung und Verschmelzung.

TAG 3

BEFREIUNG UND VERSCHMELZUNG

TAG 3: DIE PRAXIS DER BEFREIUNG UND VERSCHMELZUNG

Nach Yoga und anschließendem Frühstück beschloss ich, mit der Feedbackrunde zu starten, damit ich die allgemeine Stimmung in der Gruppe erkennen und demzufolge einen neuen Plan schmieden konnte. Die Einhaltung des Ursprungsplans war nicht mehr möglich. Dafür fehlten die notwendigen Bausteine, die am Tag 2 zwar geplant, aber nicht umgesetzt worden waren.

Die Feedbackrunde war still und zurückhaltend. Ich musste mich in Geduld üben. Doch nach und nach taute das Team auf. Das Lob über den vergangenen Tag tat gut, die Anspannung im Raum war jedoch deutlich spürbar und ließ mich nicht los. Es kam mir vor, als hätten meine Assistenten was auf dem Herzen, wollten dies aber nicht aussprechen.

Letztendlich traute Agni sich, etwas loszuwerden. „Ich fand das Ritual gestern Abend scheiße", spuckte sie aus und ihr kamen die Tränen. Sie sprach nicht weiter und ich ließ ihr ihr Schweigen. Sie würde schon weiterreden, sobald sie bereit dazu war.

Nach einer Weile fragte Rolf, ob wir ihr als Gruppe oder einzeln helfen könnten. Sie schüttelte den Kopf. Tom hingegen nickte. Ich fragte ihn, weshalb er das tue. „Bonding", sagte er. Ich verstand sofort.

Es war ein Schockmoment für mich, da ich keine emotionale Befreiung ohne starke und stabile Unterstützung durchführen konnte. Bonding ist ein emotionales Äquivalent der sprichwörtlichen Büchse der Pandora. Die ultimative Befreiung von Wut und Hass. Bei der Übung wird alles Schwarze aus der Seele entlassen. Die Anleitenden dürfen während dieser Übung nicht in die Emotionen der anderen einsteigen, sondern genau diese herausfordern. Dieser Befreiungsakt ist der **Urschrei der Seele.**

Ich atmete tief ein und musste nachdenken, ob ich bereit war, das anzuleiten, und wie ich es durchziehen konnte. Ich fragte die Gruppe, wem der Begriff bereits vertraut sei. Außer Tom, Evi und meinem Mann hatte niemand die leiseste Ahnung. Ich kam mir vor wie Harry Potter in der Kammer des Schreckens. Ich sagte, dass Bonding ohne Unterstützung nicht infrage komme. Evi und Tom sagten auf Anhieb zu, auch mein Mann nickte zustimmend. Mein Mann hatte sich noch nie an einem Seminar als Assistent beteiligt, doch jetzt war alles anders. Ich konnte nicht auf seine Hilfe verzichten.

Wir machten eine kurze Trinkpause, um alles abzusprechen. Ich musste die Gruppe über den Ablauf informieren und demonstrieren, was auf sie zukam. Das schauspielerische Talent von Evi war gefragt und sie führte alles fabelhaft aus. Es war so echt, WOW!

Also erklärten wir den Sinn dieser Übung, den Ablauf und die Folgen. Die Ausführung fühlte sich wie in einem Irrenhaus an. Ich denke, wenn jemand währenddessen die Sanitäter gerufen hätte, hätten wir alle Beruhigungsspritzen verpasst bekommen. Allen war klar, was hier passieren würde und die Seele schrie: "Befreie mich!" Ich fühlte die

Erschöpfung der ganzen Gruppe inklusive meiner Assistenten. Alle bis auf meinen Mann, Evi und Tom, die ursprünglich nur ihren Eifersucht-Vortrag halten mussten, waren emotional erschöpft und sahen sehr müde aus.

Wir einigten uns zuerst, Bonding nur einseitig bei den Teilnehmern auszuführen, die es tatsächlich brauchten. Die Rückausführung ließen wir offen. Und hier vorerst der Sinn und die Ausführung von "Bonding". Bitte anschnallen.

Bonding (engl. binden) wurde durch den US-amerikanischen Psychotherapeuten Daniel Casriel in Deutschland in den 1970ern bekannt. Er fand heraus, dass Menschen unglaublich starkes Bedürfnis nach "gehalten werden" haben. Es gibt uns Sicherheit und Geborgenheit. Genau dieses Gefühl wird auch durch die Fesselkunst vermittelt. Wir wollen gehalten, gefesselt und begrenzt werden. Ja, wir wollen auch frei sein. So widersprüchlich dies klingen mag, doch genau jene Gegensätze sorgen für den Ausgleich. Solange wir unseren Leib besitzen, benötigen wir einen Anker, um fliegen zu können. Auch wenn wir von der Mutter Erde mit der Anziehungskraft gehalten werden, hindert es uns nicht daran, zu fliegen. Wir sind nach einer Reise immer glücklich, nach Hause zu kommen, und zu Hause empfinden wir den Wunsch, zu verreisen.

So auch hier bei Bonding. Dadurch, dass man gehalten und akzeptiert wird, unabhängig davon, was einem geschieht, erreichen wir Befreiung.

Wie es passiert?

HIER IST DIE BONDING-AUSFÜHRUNG

Casriel-Therapie wird meist in größeren Gruppen paarweise unter Anleitung und Unterstützung mehrerer Assistenten durchgeführt. Es wird ein passender Partner gewählt, der ähnliche Körpermasse hat. Denn hier wird stark über Körperdruck mit der Seele gearbeitet. Der eine ist der Aktive, der die eigene Pandorabüchse öffnen will, der andere ist der Passive, der ihn dabei begleitet. Die Assistenten sollen den Prozess ansteuern und anfeuern.

Der Aktive legt sich auf einer Matte auf den Rücken, der Passive legt sich auf ihn, sodass ein Maximum an Körperkontakt entsteht. Der unten Liegende umklammert den Passiven oben. Es wird ein tiefer Atem angeleitet. Der Druck von oben steigt. Man kann schließlich nicht ewig eine Person mit vollem

Körpereinsatz auf sich ruhen lassen. Es wird schwer und der Aktive, der unten liegt, beginnt seine Empfindungen und Gefühle wahrzunehmen und mitzuteilen. Die Gefühle sollen so ungefiltert wie möglich mitgeteilt werden. Die ersten Versuche kommen leise, zum Beispiel: "Ich habe Angst". Der Begleiter greift in diesen Prozess nicht ein, sondern ist einfach da, ohne zu kommentieren, anzuleiten oder später zu beruhigen. Assistenten sollen das ausgesprochene Wort unterstützen, indem sie auffordern, das Gefühl immer lauter auszusprechen. Beispielsweise: Der Untere, der Unterdrückte, sagt: "Ich habe Angst. Ich habe ANGST! SCHEIßANGST!"

Assistent: "Ich habe nicht verstanden, was hast du?" Die untere Person wird aufgefordert, das Gesagte lauter zu wiederholen. "Noch lauter, es ist nicht laut genug!" Die untere Person wird fast angeschrien: "Schreie es raus!"

"Ich habe Scheißangst!"

Es soll so laut wie möglich herausgeschrien werden, bis das Gefühl verschwindet oder abschwächt. Je nachdem, wie der Prozess sich entwickelt, kann der Assistent mehr Herausforderung wagen.

"Wovor hast du Angst?" fragt der Assistent.

"Ich habe Angst, dass er mich verlässt!" oder "Dass ich allein bleibe!" und, und, und …

Wichtig ist auch, den/die mutmaßlichen/-e Verursacher/-in klar zu definieren. Es kann passieren, dass nach der Benennung plötzlich der Hass auf den Verursacher aufkommt. Auch das muss raus. Es kann beschimpft und beleidigt werden: "Du Hure, weg von mir!" oder "Das Arschloch soll mich in Ruhe lassen!" Alles muss raus. Natürlich ist die Person gemeint, die die Seele bedrückt, und nicht die, die auf einem liegt. Man könnte in Versuchung kommen, die oben liegende Person wie eine Störung abzuwerfen, um sich vom Druck zu befreien. Es kann so weit kommen, dass die untere Person von angestauten negativen Emotionen, die sich mit den Schreien langsam auflösen, einen Brechreiz verspürt und sich sogar erbrechen muss. Egal, was kommt, die obere Person muss oben bleiben, um dem Unterbewusstsein der unteren Person zu verstehen zu geben, dass sie geliebt und gehalten werde, auch wenn sie sich ungebührlich benehme. Dies ist ein befreiender Prozess. Angst, Wut, Hass wirken auf den ersten Blick negativ und zerstörerisch, doch richtig verstanden, bilden genau diese Emotionen eine enorme Kraft. Dazu aber später.

Die Bedingungen bei der Ausführung sind:

Die Arme umklammern die obere Person und dürfen nicht gelöst werden.

Die obere Person bleibt auf der unteren liegen und bezieht keinen dieser Ausbrüche auf sich.

Die obere Person bleibt passiv und soll die untere Person weder beruhigen noch aufmuntern. Sie leiht nur ihren Leib für diese Übung aus.

Die obere Person darf sich nicht abwerfen lassen. Deswegen sind ein ähnliches Körpergewicht und eine ähnliche Körpergröße bei dieser Übung so wichtig.

Eine leichtere und kleinere Person ist viel einfacher abzuwerfen und übt nicht den gewünschten Druck auf die untere aus.

Das Geschlecht spielt hier keine Rolle.

Sobald die negativen Emotionen aufhören, kann die emotionale Transformation angesteuert werden. Der Aktive könnte Dinge wie "Meine Angst ist meine Kraft!" oder "Mein Hass ist meine Liebe!" oder "Ich bin, wie ich bin!" schreien. Denn an der Erschöpfungsgrenze lässt sich die negative Kraft gern in die Positive transformieren, weil sie von sich selbst müde geworden ist.

Bonding, die Realität

Nachdem alle alles verstanden hatten und dennoch einverstanden waren, es mitzumachen, teilten wir die Paare auf. Ich werde hier nicht alle schreienden Paare beschreiben, aber eines, das ich angeleitet habe, erwähne ich zur Anregung eurer Vorstellungskraft.

Meinen Mann wiesen wir Rolf zu. Mit seiner Körpergröße von fast zwei Metern und guter Fitness brauchte Rolf jemanden, der nicht leicht abzuwerfen war.

Während der Übung trägt man für gewöhnlich einen Lungi, sodass kein direkter Kontakt der Genitalien entstehen kann, und auch die Teilnehmer, die Angst vor gleichgeschlechtlichen Berührungen haben, sich wohlfühlen.

Mein Mann legte sich auf Rolf. Ich leitete aktives Atmen ein. Der Prozess bei Rolf startete relativ schnell, als hätte er schon lange auf diesen Moment gewartet. Er schrie wie am Spieß und mein Mann fühlte sich oben wie bei einem wilden Rodeo. Bereits die erste Wutwelle von Rolf warf meinen Mann fast von seinem Körper ab. Er musste sich schnell eine Technik zurechtlegen, um bis zum Schluss irgendwie oben zu bleiben. Rolf schrie alles raus, was seine Seele bedrückte. Ich forderte ihn dabei zusätzlich heraus: "Warum hasst du sie?"

"Verschwinde aus meinem Leben, du Hure, weg von mir!", brüllte er und ich forderte ihn auf, dies erneut zu wiederholen.

Die ruhigere Phase trat langsam ein. Rolfs Körper zuckte und wölbte sich weniger wild.

Als ich seine Erschöpfung gespürt hatte, begann ich, den Transformationsprozess einzuleiten. Ich sprach: "Sag, dass es dir egal ist, was sie tut, du bleibst, wie du bist."

Er wiederholte: "Es ist mir egal, was du tust, ich bin, wie ich bin!"

"Sag, dass du dich gefunden hast."

"Ich habe mich gefunden!"

"Sag, dass du dein Leben ohne sie gut meistern kannst."

"Ich kann ohne dich gut leben."

Alles wurde ruhiger. Rolf bekam Brechreiz. Da es erst Vormittag war, war sein Magen noch leer, die angestrebte Wirkung trat dennoch ein. Ich sagte ihm, dass es okay sei und er dürfe alles ruhig rauskotzen. Hauptsache, der seelische Müll war beseitigt.

Jeder Körper reagiert auf die Befreiungsphase bei Bonding anders. Manchmal ist es nur das Schreien oder Husten. Jeder Körper entscheidet für sich, welchen Weg der seelischen Müllentsorgung er wählt. Am besten, man lässt sich voll und ganz auf den Prozess ein und überlässt seinem Körper die Arbeit.

Hier beschrieb ich nur einen Bruchteil dessen, was passiert war. Das Ganze hat ca. 30 Minuten gedauert. Ihr könnt euch vorstellen, welche Lautstärke und welche Emotionen freigelassen worden waren, als die ganze Gruppe gleichzeitig schrie.

Bei Rolf fand der Vorgang etwas extremer statt als bei den anderen, aber er war auch größer und stabiler. Im Laufe der Jahre hatte er einiges in seinen starken Körper eingefressen. Bei Yoga, Meditation, Theaterarbeit, Bodywork und Fesseln hatte er zwar einen Ausgleich finden können, aber ein dicker Brocken seelischer Müll war dennoch drin geblieben. Nun war er endlich weg.

Niemand hätte in Anbetracht seiner ausgeglichenen Art einen solchen emotionalen Stau vermutet. Nur dank Bonding bekam ich den Durchblick. Ich danke Rolf an dieser Stelle für sein Vertrauen.

Nach solch einem heftigen Befreiungsakt sollte man mindestens eine Stunde lang schweigen.

Befreit, erschöpft und in Stille gingen wir alle zum Mittagessen. Die Müdigkeit, die in der Luft hing, fühlte sich nach Freiheit an. Wir hatten es geschafft.

Ich holte eine von meiner Schwester für mein Buch gezeichnete Skizze und heftete diese an die Tempeltür. Auf das Flipchart schrieb ich das Thema des Tages. Es lautete "BEFREIUNG UND VERSCHMELZUNG". Die Verschmelzung mit sich selbst (siehe Titelbild des Tages).

Genau gesagt: Der richtige Zeitpunkt, um mit der Anleitung der Verschmelzung anzufangen, war gekommen. Am ersten Tag war es uns gelungen, das Vertrauen aufzubauen, um den Prozess des Verschmelzens anzustoßen. Die Reinigung der Seele am zweiten Tag hatte uns zur Befreiung am Vormittag des dritten Tages durch Bonding geführt. Alles zusammen ergab ein solides Fundament, um endlich mit der inneren Verschmelzung zu starten. Wir hatten aber nur noch zwei Drittel des Tages zur Verfügung, um alle Emotionen anzuordnen und dazu noch ein reizendes, hocherotisches Ritual am Abend durchzuführen. Ich stand vor einer neuen Herausforderung.

Welches Ritual könnte das richtige sein? Im Augenblick fiel mir nichts ein. Die Gruppenenergie befand sich auf der niedrigsten Ebene und Action passte nicht dazu.

Evi kam zu mir und fragte, ob sie nach der Pause anstatt des geplanten Eifersucht-Vortrages einen aufklärenden Vortrag zur Bonding-Erfahrung halten sollte. Sie wollte das Ganze mit etwas Esoterik ergänzen und war sich nicht sicher, ob dies in meinem Sinne wäre. Ich habe ihr grünes Licht für alles gegeben, denn die Gruppe konnte ein wenig entspannende Ablenkung gut gebrauchen. Evi nimmt ihre Karten ernst und hält sie für eine spirituelle Hilfe, wohingegen ich dazu skeptisch eingestellt bin. Meinen Assistenten oder Partnern wie Evi mit Tom, gestatte ich dennoch die Freiheit, ihre persönlichen Besonderheiten den Teilnehmern zu präsentieren. Es bleibt jedoch den Teilnehmern überlassen, was sie davon halten und ob sie sich daran beteiligen.

Nach dem Mittagessen und einer Ruhephase versammelten wir uns im Tempel. Jeder fühlte sich richtig an seiner Stelle. Ich hatte das Gefühl, dass alles sich allmählich zu einem Ganzen zusammenfügte. Es war ein unbeschreibliches Gefühl in Anbetracht der vielen Strapazen und Änderungen, die im Rahmen dieses Seminars stattgefunden hatten. Alles war wunderbar, dachte ich, alles würde zu seiner Zeit passieren. Voller Erleichterung und Offenheit ergab ich mich dem Vortrag von Evi und Tom.

DER VORTRAG ÜBER UNSERE GEFÜHLE

Evi und Tom erklärten der Gruppe spielerisch leicht, wie unsere Emotionen miteinander arbeiten und als zerstörerische oder aufbauende Kraft funktionieren. Sie verdeutlichen auch, dass eine Transformation der Zerstörung in die Schöpfung möglich ist und ohne fremdes Einwirken angeleitet werden kann. Hier erwähne ich nur die Grundlagen, wie sie es taten.

Bonding wird seine Restarbeit so oder so im Unterbewusstsein fortsetzen. Unserem Bewusstsein geben wir jetzt neuen Stoff zum Nachdenken oder um das Erlebte einfacher zu verarbeiten.

Wie funktionieren unsere Emotionen?

Es ist fast so, wie zu fragen, wie unsere Seele funktioniere. Wie bereits erwähnt, setzt sich unsere Seele aus unseren Gefühlen und Emotionen zusammen.

Es gibt 5 primäre Gefühle: Trauer, Angst, Wut, Freude und Scham.

Hinzu kommen gefühlt 199 andere Emotionen. Da es sich bei diesem Buch nicht um einen Psychologie-Kurs handelt, sondern um eine Anregung zum besseren, erfüllten Sexleben, sage ich nur so viel: Sex ist überall, je nachdem, was wir darunter verstehen. Und wenn wir emotionalen Sex haben wollen, müssen wir uns zwangsläufig mit unseren Emotionen beschäftigen.

Hier erkläre ich zuerst anhand der von Evi gezeichneten Skizze die Eigenschaften der jeweiligen Emotion und am Ende deren Zusammenspiel.

Wir beginnen mit der Angst.

ANGST

Sobald wir eine Situation als furchtbar empfinden, bekommen wir Angst. Angst sagt uns: "Die Situation ist bedrohlich." Es gibt zwei Reaktionen darauf. Wir sind gelähmt, verkriechen uns und zittern vor Furcht. Wir fürchten, zittern, hören unser eigenes Herzklopfen und bewegen uns nicht, solange die Gefahr nicht vorbei ist. Die zweite Reaktion ist weglaufen. Das sind die negativen Aspekte der Angst.

Das Positive an der Angst ist, dass wir uns etwas einfallen lassen müssen, um die Gefahr zu vermeiden: Vorsorge treffen, andere Wege gehen oder das Risiko von vorne an eliminieren. Wenn wir aus Angst handeln, steigern wir unsere Kreativität. Wir kämpfen ums Überleben.

Die Angst beinhaltet also die zerstörerische Kraft der Lähmung und die schöpferische Kraft der Kreativität.

Der Lähmungszustand und das Zittern erinnern uns an die Erde. Deswegen wird der Angst das Element der Erde zugewiesen.

WUT

Wut sagt uns, dass die Situation falsch ist. Wir sind wütend, wenn etwas nicht nach unserer Vorstellung läuft. Dann versuchen wir oft mit Schreien und Gewalt die Situation zu unseren Gunsten zu wenden. Wenn es sein muss, zerstören wir in der Wutphase Gegenstände in unserer Umgebung, um unseren Zustand zu verdeutlichen.

Ergo: Der negative Aspekt der Wut ist die Zerstörung. Aber wie entsteht daraus die Kraft des Handels?

Hier müssen wir – wie auch bei der Angst – dem Auslöser der Wut auf die Spur gehen. Die Situation ist falsch. Evi warf zur Vorführung zerknitterte Papierstücke in die Mitte des Raums und fragte, was diese Unordnung in uns auslöse.

Die Papierstücke passen nicht in den Raum, also bekommt man automatisch den Drang, diese aufzuräumen und in den Papierkorb zu werfen. Wir kommen ins Handeln, um alles wieder in Ordnung zu bringen. Also löst Wut in ihrer positiven Wirkung Handlung und Klarheit aus. Wir können schreien und toben, aber wir können auch etwas tun, um die Situation unseren Vorstellungen anzupassen. Die Handelskraft ist also die positive, heilende Seite der Wut.

Da die Wut sich wie ein Ausbruch anfühlt, wird der Wut das Feuerelement zugewiesen. Feuer zerstört oder kocht uns das Essen.

TRAUER

Die Situation ist bedauerlich. Wir sind traurig, wenn wir etwas oder jemanden verlieren. Es macht uns traurig, dass wir die Lage nicht ändern können. Wir können niemandem das Leben zurückgeben oder einen verlorenen Gegenstand wiederherzaubern. Also verfallen wir in Passivität bis hin zur Depression mit der Einstellung "Wir können es sowieso nicht mehr rückgängig machen". Wir ziehen uns selbst runter und überlassen es anderen um uns herum, die Dinge zu bewegen. Doch was ist, wenn wir diese Situation akzeptieren, annehmen und aus dem Standpunkt etwas Neues erschaffen?

Die positive Seite der Traurigkeit ist also die Annahme. Die Situation ist so, wie sie ist. Da bei der Trauer die meisten Tränen vergossen werden, wird der Trauer das Wasserelement zugewiesen. Das Sinnbild des Wassers und der Trauer sind die Reinigung, Heilung und das sanfte Umfließen der Hindernisse

FREUDE

Wir freuen uns, wenn alles so läuft, wie wir es uns vorgestellt haben. Die Situation ist richtig. Wahrscheinlich würden die meisten von euch fragen, was an der Freude negativ sein könne. Was ist falsch daran, wenn alles richtig läuft? Wir streben alle nach Freude. Die Leichtigkeit des Daseins wird oft als Lebensziel eingestuft.

Doch was passiert, wenn wir ständig Erfolg haben und die Situation für uns immer gut ist. Wir wollen mehr und mehr, und wenn wir keine Grenzen gestellt bekommen, kann die unbegrenzte Freude uns in den Wahnsinn treiben. Wenn wir ständig mit einem Grinsen im Gesicht laufen und uns über alles freuen, nimmt uns die Gesellschaft nicht mehr ernst.

Die positive Kraft der Freude ist die Wertschätzung. Wir sind dankbar für alles, was das Leben uns bietet, für alle unsere Gefühle. Wertschätzung ist die ernste Seite der Freude, die heilende Kraft. Die Freude wird mit Leichtigkeit verbunden und wird aus diesem Grund dem Luftelement zugewiesen.

SCHAM

Das Gefühl, dass alle Elemente verbindet, ist unsere Scham. Die Scham kommt nie von selbst auf, sondern entsteht in Kombination mit anderen Gefühlen. Wir schämen uns nie einfach so, sondern immer für etwas. Wir schämen uns dafür, dass wir ausgerastet sind (Wut). Wir schämen uns, dass wir so viel Angst gehabt und in einem wichtigen Augenblick geschwiegen haben, um uns selbst nicht zu schaden, dafür aber eine uns nahestehende Person in Gefahr gebracht haben. Wir können uns dafür schämen, dass wir in unserer Heiterkeit jemanden vernachlässigt haben. Oder für unsere depressive Stimmung.

Sobald wir Scham empfinden, zweifeln wir nicht mehr an der Situation, was bei anderen Gefühlen eher der Fall wäre, sondern sehen uns als falsch an. Wir quälen uns: "Ach, hätte ich bloß ... Wäre ich doch nur ... Ich bin falsch." Die Qual kann so mächtig werden, dass sie unsere Selbstzerstörung provozieren kann. Also ist Selbstzerstörung die negative Seite von Scham. Um das Schamgefühl überhaupt zu empfangen, muss man die Erkenntnis erlangen, etwas falsch gemacht zu haben. Das heißt, dass analytische Fähigkeiten im Spiel sind. Sollten diese für die Eigenanalyse gebraucht werden, erhalten wir Selbstreflexion.

Die Heilungskraft der Scham ist die Selbstreflexion. Diese ermöglicht uns, richtige Fragen zu stellen und jedes der Gefühle durch diese Kraft zu transformieren.

Zum Beispiel: Wir schämen uns für einen emotionalen Ausbruch, den wir mit unserem Partner oder Kind gehabt haben. Also für unsere Wut. Wir können sagen "Akzeptiert alle, dass ich so bin" und verharren somit mit unserer Wut im Selbstzerstörungsmodus. Wir können uns aber auch zusammen hinsetzen und durch Fragen die Situation so annehmen, wie sie ist, und reflektieren, warum die Wut aufgekommen ist. Was hat uns so gestört, dass dieser Wutausbruch notwendig war? Wie kann man die Situation ändern? Somit gibt es ohne die Scham keine Selbstreflexion und auch keine Transformation von negativer Kraft des jeweiligen Gefühls ins Positive.

Dieser Prozess kann aber in beide Richtungen geführt werden. Nicht umsonst machen Personen mit psychopathischen Neigungen sich in erster Linie das schlechte Gewissen anderer zunutze. Sie schauen sich genau an, auf welche der Emotionen ihre Opfer am ehesten reagieren, und langsam, aber sicher bringen sie in die noch gesunde Selbstreflexion das schlechte Gewissen ein. Danach wird das Opfer nach Lust und Laune manipuliert.

Oberflächlich gesprochen wird diese umgekehrte Transformation von Propaganda gern genutzt. Die Angst wird verstärkt, die Wut steigt und die Freude durch Zerstörung nimmt ihren Lauf. Wenn man aber irgendwann zu begreifen beginnt, was man getan hat, ist es meist schon zu spät. Die Scham mit ihrer selbstzerstörerischen Kraft sitzt so tief, dass die Umladung nicht mehr zu verkraften ist. Alles, was einem bleibt, sind die Rechtfertigungen: "Ich hatte einfach keine Wahl, sie haben mich betrogen" oder "Sie haben doch auch das getan, also darf ich's ihnen heimzahlen." Genau mit diesen Sprüchen arbeiten Rechts- und Linksextremisten. Sie nutzen unsere Emotionen und lenken diese für ihre Ziele um.

Wir sollten unsere Gefühle verstehen lernen, um die Prozesse schneller zu erkennen, oder die umgekehrte Transformation rechtzeitig zu stoppen und umkehren zu können. Es gibt ein paar grundlegende Fragen, die einem helfen können, die Selbstreflexion zur Entwicklung der Persönlichkeit zu nutzen.

Hier sind paar Grundregeln zur Orientierung:

Sobald du merkst, dass du die Personalpronomen "du", "er", "sie" nutzt, fragt dich, warum du es als störend empfindest. Wenn du auf jemanden zeigst, zeigst du meistens auf dich. Anstatt "Warum er/sie es getan hat?" frag lieber: "Wie habe ich die Situation zugelassen? Was habe ich übersehen, dass es zu dem Ergebnis gekommen ist?" Verlagere von "du", "er", "sie" auf "ich".

Wenn etwas schon passiert ist, ist es nie zu spät, das Geschehene, auch wenn es schmerzhaft ist, zu analysieren und einen Neustart zu wagen. Dafür arbeiten wir mit Angst, Trauer und Wut. Diese Kräfte können, statt dich zu zerstören, zu deiner Entwicklung beitragen.

Wenn uns nichts stören würde und alles glattliefe, müssten wir nichts lernen. Warum auch? Es funktioniert doch alles. Unsere Unzufriedenheit kann dafür genutzt werden, Bewegungskraft und Lernprozesse in uns auszulösen, um die Situation zu unseren Gunsten zu verändern. Wenn nicht, verändert sie jemand anders zu seinen Gunsten. Dann bekommen wir es mit der Angst zu tun und schämen uns, nichts getan zu haben, als es noch nicht zu spät gewesen ist. Eins ist klar: Es ist nie zu spät, analytisches Denken zur Transformation der Gefühle einzusetzen, soweit man diese überhaupt besitzt.

Das sind die 5 Fragen zu unseren Gefühlen in Kürze:

* Ist die Situation richtig? Freude --> Kraft des Seins

* Ist die Situation falsch? Wut --> Kraft der Handlung/Aktivität (Ich kann die Situation verändern)

* Ist die Situation furchtbar? Angst --> Kraft der Kreativität

* Ist die Situation bedauerlich (Ich kann die Situation nicht verändern)? Trauer --> Kraft der Annahme

* Bin ich falsch? Scham --> Nutze eine der 4 oben erwähnten Kräfte, um dich zu verändern.

Fazit:

Wir dürfen bei unseren emotionalen Zuständen nicht nur an die Zerstörungskraft denken. Denn ohne die positive, schöpferische Kraft des jeweiligen Gefühls gäbe es keine Bewegung und Entwicklung in der Welt. Und was hat es mit unserem Sex und Orgasmus zu tun? Wie ich schon am Anfang dieses Buches erwähnte, sehe ich Verbindungen zu unserer Sexualität überall. Und wenn wir uns nur wegen der besseren Orgasmen mit unseren Gefühlen und Emotionen beschäftigen würden, würden wir die Wirkung in unserer gesamten Umgebung wahrnehmen. Denn wenn wir gelernt haben, was die richtigen Fragen sind, werden wir diese überall stellen, ob bei unserem Partner oder bei unserer Arbeit. Deswegen bin ich der Meinung, dass die Beherrschung unseres sexuellen Feuers der Gesellschaft die Türen zur neuen ungeahnten schöpferischen Kraft öffnen kann. Wir können die Beherrschung der 3 Sekunden unseres Orgasmus als Zugang zur unerschöpflichen geistigen Kraft des Universums sehen. Alles hängt oder steht direkt in deinen Händen. Wichst du heute wie immer oder beginnst du heute die 3 Sekunden vielleicht zuerst auf 4 auszudehnen und steigst somit auf den Weg der Selbstbeherrschung? Auf den Weg der Eigenentwicklung und Schöpfung. Speziell für Männer veröffentliche ich demnächst auch ein Buch mit praktischen Tipps für Zuhause.

Kartenziehen „Die Kraft der Göttinnen"

Nachdem der Vortrag von Evi vorbei war, wurde vielen klarer, welche Prozesse beim Bonding aus dem Körper "gequetscht" und freigesetzt werden. Wenn unsere Gefühle so zugemauert sind, dass sie mit normalen Methoden nicht freizulegen sind, kann auch kontrollierte Kraft von außen (wie bei Bonding) angewendet werden. Da kann die Seele sich nicht mehr verstecken oder wehren. Die Mauer wird enger, drückt auf die Seele und der Schmerz muss raus. Die Büchse der Pandora ist geöffnet. Nach dem Bonding fühlt man sich frei wie nach einer Dämonenaustreibung.

Alle hörten Evi erleichtert und entspannt zu, froh darüber, gerade keine Übungen machen zu müssen. Nach der Erklärung fragte Evi, ob die Gruppe Lust hätte, in die esoterische Richtung abzubiegen, und schlug Kartenziehen vor. Dies war eine willkommene Ablenkung.

Evi legte die Karten mit der Rückseite nach oben im Kreis aus und bezeichnete es als "Die Kraft der Göttinnen". Jede Karte hatte zwei Stellungen: Kopf und normal. Jeder, der es wollte, konnte eine Karte ziehen und schauen, ob diese nach dem Umdrehen normal oder auf dem Kopf stand. Dementsprechend wurde die Göttin genannt und die ihr zugeschriebenen Kräfte vorgelesen. Der aktuelle Zustand des Ziehenden wurde erfasst und mit der

Botschaft der Karte verglichen. Alle machten mit und fassten die Situation mit Leichtigkeit und Humor auf. Dennoch bekam jeder seine Bestätigung über die gezogene Karte.

Die Gruppe erholte sich nach den schweren emotionalen Teilen des Seminars. Jetzt waren wir alle zusammen in der Leichtigkeit angekommen. Eine kurze Trinkpause und leichte Musik im Tempel bekräftigten die Harmonie im Raum. Alle waren glücklich, aber wir hatten nach wie vor keine Idee für das hocherotische Abendritual, das als absoluter Höhepunkt des Seminars gelten sollte.

Ich kenne Dutzende Tantra-Rituale, für diesen Abend fiel mir jedoch kein passendes ein. Also setzten wir uns nach der Trinkpause im Kreis und ich sagte: "Wer den Plan vernichtet, muss mit neuen Ideen aushelfen. Da ich eure innere Bereitschaft und Kraft schwer einschätzen kann, kann ich kein für alle passendes Ritual finden. Also machen wir ein Spiel. Ich kenne sehr viele Methoden, Ausführungen und Ritualen aus dem Tantra. Auf Anhieb könnte ich selbst ein neues Ritual für euch zurechtzaubern, wenn ihr mir eure Wünsche verratet." Ich nahm mir einen Zettel und fragte jeden einzelnen, worauf er/sie heute Abend Lust hätte. Sie sollen nur für sich antworten, ungeachtet der Wünsche der anderen. Wir hatten uns bis jetzt von allen Zwängen befreit und jeder konnte sich wünschen, was er will, auch wenn es sich freizügig angefühlt hätte.

"Ich will etwas Sinnliches und Kuscheliges", sagte eine Teilnehmerin. "Ich möchte eine Lingam- und

Yoni-Massage, aber ich höre mir gerne die Wünsche der anderen an."

"Ich könnte jetzt etwas Action vertragen", sagte der Nächste.

Und so sammelte ich alle Wünsche und am Ende ergab sich ein gemeinsamer Wunsch, der zu allen passte. Sie wollen ein schönes Ritual erleben, das sehr sinnlich sein und Elemente aus Lingam- und Yoni-Massage beinhalten sollte (Unter Lingam und Yoni werden im Tantra Penis und die dazugehörigen Organe sowie Vulva mit allen weiblichen Attributen innen wie außen verstanden).

Die Yoni-Massage besteht aus mehr als 30 Griffen und die Lingam-Massage aus über 25. Deswegen wäre die korrekte Ausführung einer kompletten Lingam- und Yoni-Massage nicht realistisch gewesen, aber deren aufregendste und einfachste Elemente konnten ruhig ins Ritual miteinfließen.

Wir schauten auf die Uhr, es war Abendbrotzeit. Zuerst das Essen, dann eine Meditationspause und dann würde mir schon etwas einfallen, dachte ich.

Ich wurde nachdenklich. Nach dem Essen zog ich mich zurück in mein Zimmer. Ich nahm gerade eine Dusche, als ich meinen Mann hereinzukommen hörte. Er fragte, ob ich bereits eine Idee habe. Leider nein. "Ich kann dir einen Vorschlag machen, du kannst es auch ablehnen, wenn es sich für dich unpassend anfühlt", sagte er. Ich kenne meinen Mann, er ist immer der Ideengenerator. Der Nachteil ist, dass dieser Generator gefühlt 20 Ideen pro Minute ausspuckt, aber nur eine davon wirklich etwas taugt. Das Gute ist jedoch, dass mein Mann darüber Bescheid weiß und mir seine Einfälle nie aufzwingt. Er kombiniert für gewöhnlich so lange, bis etwas Passendes dabei rauskommt. Dieses Mal hatte er nur eine Idee. "Wie wäre es mit der Welle?", fragte er.

Damit traf er ins Schwarze. Ich war auf Anhieb einverstanden.

"**Die Welle**" – **tantrische Welle**, ist ein Teil von einem großen Tantra-Ritual, das alle von den Teilnehmern ausgesprochenen Wünsche beinhaltete. Für ein umfangreiches Ritual war die Gruppe ohnehin zu müde und besaß kein Wissen.

Ein tantrisches Ritual kann nicht als Überraschung gestaltet werden. Es würde sich so anfühlen, als müsste ein Laie sich ans Klavier setzen und die Mondscheinsonate spielen. Aber ein Fragment des Rituals konnte ich durchaus auf die Schnelle erklären und daraus eine tolle Geschichte basteln.

Doch es gab noch eine Herausforderung. Manche aus der Gruppe hatten den Wunsch, einen Dreier auszuprobieren, die anderen wiederum wären froh gewesen, sich nur auf einen Partner zu konzentrieren.

Mein Mann sprach weiter: "Du machst dir bestimmt Gedanken, wie wir die Paare in die Dreier zusammenbringen." Ich nickte.

Ein Paar wollte das Ritual getrennt erleben. Ihr Ziel war es, loslassen zu lernen. Vor allem er, der seine Frau abgöttisch liebt, wollte sie nicht weiter mit einem

Kontrollblick verfolgen. Für sie sahen wir eine FFM-Konstellation vor, und ihn teilten wir im Geiste einer anderen Teilnehmerin zu.

Aufgrund unserer Beobachtungen stimmten wir die restlichen Dreier- und Paarkonstellationen ab und begaben uns in den Tempel, um "Die Welle" vorzubereiten. Ich rief Evi mit Tom zur Hilfe, um mit ihnen die Paar- und Dreierkombinationen zu besprechen und die Abläufe schnell auszuprobieren. Den "Die Welle" ist ursprünglich für Paare und nicht für Dreier gedacht.

Inmitten der Besprechung kam ein Mann rein. "Ich will mit euch etwas abstimmen", sagte er.

Er sagte, es würde ihm schwerfallen, das Ritual nicht mit seiner Frau auszuführen. Er machte sich Sorgen um seine und ihre Gefühlswelt.

"Du wolltest doch lernen, loszulassen, weg von der Fixierung auf deine Frau", sagte ich und erklärte ihm, loslassen bedeute nicht, dass man sich nicht mehr liebe. Fixierung zeige lediglich eine Abhängigkeit.

Abhängigkeit dieser Art ist keine Symbiose. Die ganze Gefühlswelt wird dabei auf eine einzige Person ausgerichtet. Bricht diese zusammen, könnte es schlimme seelische Folgen nach sich ziehen. Wenn wir frei sein wollen, müssen wir lernen, loszulassen. Denn Liebe ist das Kind der Freiheit.

Seine Partnerin musste ihrerseits lernen, die Zärtlichkeit von den anderen empfangen zu können, ohne dabei ein schlechtes Gewissen gegenüber ihrem Mann zu haben. Wir alle sollten lernen, die

Genussabhängigkeit von anderen zu lösen, und uns zu einer Genussquelle zu entwickeln. War das nicht das Ziel des Seminars "Der flotte Dreier"?

Jetzt ergab sich zufällig eine Situation, um die eigene Genussquelle kontrolliert zu testen und somit die Essenz der Aussage zu verstehen. Später konnte diese (musste aber nicht) ausgebaut werden.

"Nur wer seine Grenzen kennt, kann sie überschreiten" ist mein Lieblingsspruch aus einem Yoga-Buch, das ich zu Hause habe. Wenn wir an einem Buffet stehen, schauen wir uns alles an, und im Normalfall nehmen wir uns die Gerichte, die wir schon wenigstens ansatzweise kennen. Obwohl uns niemand beim Essen in einem Restaurant oder Hotel vergiften will, gibt es eine innere Blockade: Was wäre, wenn es mir nicht schmeckt, wenn mein Magen es nicht verträgt, und, und, und …

Es gibt aber eine andere Sorte Mensch. Diese Menschen probieren, um zu erfahren, ob das neue Gericht ihnen zusagt. Genau diese Einstellung vergleiche ich öfter mit dem Sex.

"Wann wissen wir, ob uns etwas gefällt oder nicht?", fragte ich ihn. Er dachte kurz darüber nach und nickte: "Ich lasse mich überraschen", sagte er. Wir waren erleichtert.

In meinen Seminaren besteht nie ein Zwang, etwas machen zu müssen. Jeder hat die Möglichkeiten, Dinge auszuprobieren, um dadurch herauszufinden, ob er Gefallen daran findet. Jeder Teilnehmer kann das Ritual zu jedem Zeitpunkt abbrechen. Ich erkläre auch immer, wie es geht, ohne dass man dabei die ganze Energie im Raum ins Schwanken bringt. Wir zeigen den sanften Ausstieg, der später gern bei Clubbesuchen oder anderen Abenteuer zu dritt (oder auch mehr) genutzt werden kann. Denn nicht immer stimmt alles, und es kann passieren, dass der Anfang sich gut angefühlt hat, aber mittendrin eine unerwartete Störung oder ein unangenehmes Empfinden aufgetreten ist. Dann kann man sanft aus der Situation steigen, ohne jemanden zu beleidigen. Man kann die Situation später im Gespräch analysieren, um herauszufinden, ob es sich um eigene Empfindlichkeiten gehandelt oder jemand anderes sich daneben benommen hat. Diese Situationen tragen auch sehr gut zur Partnerschaftsentwicklung bei.

DIE TANTRISCHE WELLE, BESCHREIBUNG

Der Kern der Welle ist die Vereinigung im Sitz (Yab-Yum), sodass die Wirbelsäulen beider Partner aufrecht bleiben und die sexuelle Energie sich auf diese Weise leichter mit dem Universum verbinden kann. Die Beckenbewegungen sollen synchron mit dem Atem erfolgen. Sie bewegen sich entweder zueinander oder wie eine Welle miteinander. In Verbindung mit dem Atem und Beckenschaukeln kann intensivste sexuelle Energie entstehen, sogar ohne die Vereinigung.

Yab-Yum Sitzt

Diese Stellung impliziert nicht Geschlechtsverkehr und ist sozusagen eine Trockenübung. Für Anfänger reicht es, zu fühlen, welche Energie sie auslöst. Nur wenn es sich ergibt, soll jeder für sich entscheiden, wie weit er/sie gehen will. Wenn solche Aussichten in den Raum gestellt werden, legen wir immer Kondome an den Matten aus.

Bis man aber zu diesem Sitz kommt, gibt es noch Vorspiel mit Verehrung und Ähnlichem.

Jedes tantrische Ritual hat eine bestimmte Ablaufreihenfolge. Die traditionellen tantrischen Rituale können tagelang dauern. Dafür hat die westliche Welt aber zu wenig Geduld. Die Welle ist nur ein Bruchteil eines Großrituals, dennoch nahm ich mir vor, es mit Verehrung und Verwandlung zu schmücken. Denn der Sinn eines Rituals besteht nicht nur darin, einem schönen Erlebnis beizuwohnen, sondern auch darin, das Gelernte zu speichern.

Ich, mein Mann, Evi und Tom überlegten uns, wie man die Welle zu dritt ausführen könnte, sodass alle Beteiligten sich wie eine Einheit fühlten und jeder einzelne die volle Aufmerksamkeit der anderen genießen konnte. Zuerst stellten wir fest, wer im jeweiligen Dreier zuerst zum Mittelpunkt werden und wie der Wechsel stattfinden sollte.

Wir entschieden uns für folgenden Ablauf: Die Person, die in der Mitte stehen bleibt, wird zum Zentrum der Lust und Aufmerksamkeit. Die Person, die im Rücken sitzt, wird ihre Unterstützung anbieten, während die Person, die zur mittleren Person gewandt ist, mit ihr die klassische Sitzstellung wie auf dem Bild oben einnimmt.

Als Nächstes ließen wir uns einfallen, wie wir den Wechsel der Beteiligten so hinbekommen, dass alles nahtlos ineinander übergeht.

Der Wechsel kann mit Worten schwer erklärt werden. So einen Ablauf sollte man sich besser in einem Video anschauen oder live ausprobieren, ansonsten läuft man Gefahr, einer zu technischen Anleitung gegenüberzustehen, wodurch der emotionale Teil leider verloren ginge.

Als die Paare und Dreier feststanden und wir die technischen Details ausprobiert hatten, kamen wir zum emotionalen Teil des Rituals. Dieses hielt ich vor der Gruppe vorerst verborgen, damit der Überraschungseffekt dem Ganzen später den letzten Kick versetzte.

Die Matten wurden erneut in Blütenform ausgelegt, wobei wir diesmal manche Blütenblätter mit zwei Matten dargestellt hatten: eine Matte für ein Paar, zwei Matten für einen Dreier.

Wir legten Rosen aus und stellten Massageöle auf Tabletts.

Sinnliche tantrische Musik mit weiblichem Gesang startete. Eine Shakti nach der anderen wurde in den

Tempel hineingelassen. Sie stellten sich außerhalb der Matten und bildeten den Außenkreis. Dann ertönte die tantrische Musik mit männlichem Gesang und die Shivas wurden ebenfalls nacheinander reingelassen. Sie wurden zu den Matten begleitet und in Position auf den Matten im Innenkreis gebracht.

Shaktis und Shivas standen sich nun gegenüber und schauten sich an. Da wir die Aufteilung der Paare und Dreier nicht direkt verraten wollten, führten wir die Teilnehmer zuerst scheinbar willkürlich zueinander.

An dieser Stelle möchte ich noch einmal betonen, dass ich und meine Assistenten allen Teilnehmern vor dem Ritual verdeutlicht haben, dass jeder in jeder Sekunde nur mit einer Kopfbewegung ein Nein signalisieren kann. Es handelt sich bei diesem Ritual weder ums Fremdgehen noch um eine Vereinigung. Es geht vielmehr darum, sich selbst zu einer Genussquelle zu entwickeln, um selbst entscheiden zu können, wem das Lustgeschenk überreicht wird. Hier geht es nicht um eine Selbstaufopferung oder darum, etwas über sich ergehen zu lassen. Nur die Freiheit des Einzelnen steht im Mittelpunkt.

Letzteres trifft weniger auf Männer zu, dafür umso mehr auf Frauen. Viele Frauen fühlen sich entweder verpflichtet oder gezwungen, dem Mann ihre Lust zu geben, auch wenn sie diese aus Angst oder Pflichtgefühl nicht entwickeln können. Deswegen wird sehr oft vor allem der weibliche Orgasmus vorgetäuscht.

Bei diesem Ritual geht es nicht darum, einen erzwungenen Orgasmus zu erleben, sondern primär um das ungekünstelte Wahrnehmen des eigenen Empfindens und der eigenen Lust. Aber auch darum, wenn nötig, sanft mitteilen zu lernen, dass man noch nicht bereit sei. Der andere muss lernen, es so zu akzeptieren, ohne gleich in die aktive Fummelphase zu verfallen. "Keine Lust? Ich bin ein Experte, Baby, wenn du zulässt, werde ich deine Lust schon herauslocken." Das ist ein absolutes No-Go!

Hier darf alles sein, aber niemals etwas erzwungen oder bewiesen werden. Alles muss fließen.

So kam Evi zu jeder Shakti, schaute ihr tief in die Augen, während ich leise, märchenhafte Worte ins Mikrofon flüsterte, und brachte sie zu einem der Shivas. Als alle Teilnehmer an ihren Plätzen waren, begann der Verehrungsteil.

Bei Paaren verehrte zuerst der Shiva die Shakti. Es begann die Verwandlung einer Frau in eine Göttin. Am Anfang schaute er ihr in die Augen und sagte: "Hier sind die Augen einer Shakti, die ich verehre". Er berührte dabei sanft ihre Augen und versah sie mit einem zarten Kuss. Dann berührte er ihre Ohren und sagte: "Hier sind die Ohren der Shakti, die verehre ich". Ein sanfter Kuss berührte zuerst das eine Ohr und dann das andere. Er schaute sich ihre Haare an, ließ sie durch seine Finger und sprach: "Hier sind die Haare einer Shakti, die ich verehre". So ging das immer weiter mit der Nase, dem Mund, hinab zu den Brüsten, Händen, immer weiter abwärts zum Gesäß, zur Yoni, bis hin zu den Füßen.

Bei einer solchen Verehrung bekommen Frauen Gänsehaut und Glückstränen. Zum Schluss griff Shiva zu Rosen, zog die Blütenblätter ab, stellte sich aufrecht und ließ sie langsam auf den Kopf der frisch verwandelten Göttin rieseln. Es erklangen die Worte: "Hier ist die Gestalt einer Shakti, die verehre ich". Damit ist die Verwandlung abgeschlossen. Das Gleiche machte nun die Shakti mit dem Shiva und verwandelte ihn nach und nach in einen Gott.

Bei einem Dreier, zum Beispiel FFM, verwandeln beide Shaktis den Shiva, und bei MMF kümmern sich die beiden Shivas um die Verwandlung der Shakti. Sie/er bekommt doppelte Berührungen, die synchron ausgefüllt werden, als täte man dies mit vier Händen.

Nach der Verehrung setzten sich die Paare und Dreier auf die Matratzen, das Schaukeln begann.

Die Shakti umschloss den Shiva mit ihren Beinen. Er hielt sie mit beiden Händen an Pobacken und die beiden fingen an, intensiv zu atmen. Sobald der Atem synchron wurde, begannen sie, wie von sich selbst, mit den Becken vor- und zurückzukippen.

Die Welle kann steigen oder abebben. Wenn eine dritte Person im Rücken sitzt, umarmt sie die mittlere mit dem Partner und gibt sich der aktiven Bewegung der beiden hin. Danach hört die Welle auf und die mittlere Person legt sich auf den Rücken. Wenn man zu dritt ist, dann mit dem Kopf auf den Schoß der hinteren Person.

Die vordere beginnt, den liegenden Körper mit Öl zu vergolden. Alles wird mit warmem Öl benetzt und mit fließenden Bewegungen einmassiert, nichts wird ausgelassen. Die Brüste werden nicht der Erregung wegen berührt, sondern als Verehrung. Dann kommt man zu Yoni oder Lingam, je nachdem, wer gerade in der Mitte ist. Diesem Teil wird mit viel Öl und ein paar effektvollen Griffen die Lust entlockt.

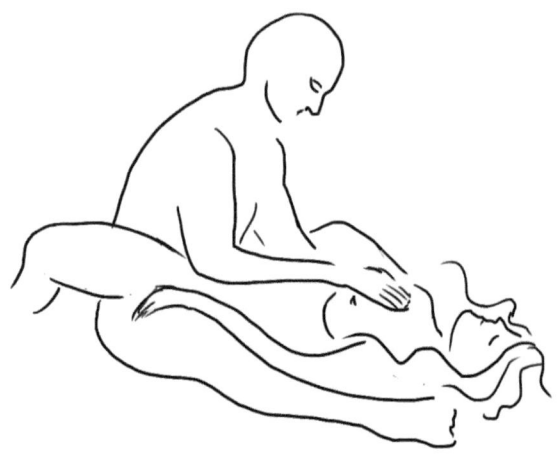

Dabei besteht ein klarer Unterschied, ob wir jemanden für die Penetration vorbereiten oder einfach mit der Lust und dem Genuss spielen, ohne das Endziel. Der Zweck der Spielerei ist es, die Lust zu steigern und dann wieder zu beruhigen. So wird Tantra gelehrt, so wird gelernt, die Lust auszudehnen und auf der Welle der Lust zu reiten.

Bei Dreiern unterstützt die hintere Person das aktive Paar. Über die Techniken und die effektive

Ausführung der Dreier habe ich ein separates Buch geschrieben. Dort kannst du nachlesen, welche Voraussetzungen für einen Dreier erfüllt werden müssen und wie die Energie durch den Körper geleitet wird. Den Link zum Buch findest du im Anschluss dieses Buches.

Der Tempel entwickelte sich zu einer absolut harmonischen Liebesoase. Nach der sanften Einführung überließ ich allen Konstellationen ihren Rhythmus und betonte erneut, dass wenn jemand das Ritual beenden möchte, solle er schweigend aus dem Tempel gehen, um andere nicht zu stören. Falls gewünscht, durfte man dem Genuss der anderen auch zuschauen.

Die Lust knisterte in der Luft und niemand aus der Gruppe wurde danach gierig. Genau das wollte ich erreichen. Es war ein Genuss für mich, diese Harmonie im Raum wahrzunehmen.

Der eigentliche Akt, der Geschlechtsverkehr, soll unbedeutend erscheinen. Dass der Körper, der Geist und die Seele in jedem einzelnen und die Teilnehmer miteinander verschmolzen.

Alles fühlte sich richtig an.

TAG 4: SPIELEN

Nach dem wunderschönen Ritualabend wurde der frühe Yoga zur würdigen Fortsetzung. Alle schienen noch immer im Fluss zu sein, die Übungen verliefen entspannt und man konnte allen die Zufriedenheit vom Gesicht ablesen.

Heutiger Tag sollte den Teilnehmern einen sanften Übergang aus der Tantra-Traumreise in den Alltag ermöglichen, sie aber zugleich zu neuen Ideen und Experimenten verleiten.

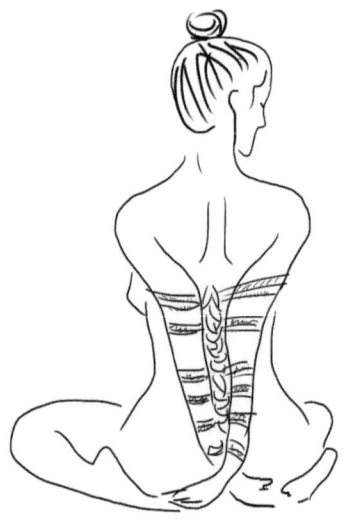

Fesseln?

TAG 4 WAR DER SPIELTAG.

Nach dem Frühstück ging ich glücklich in den Tempel. Er war bereits aufgeräumt und die Matratzen lagen akkurat für den Spieltag parat.

Dieser Tag gehörte Doris und Rolf, den Fesselkünstlern. Seile verhalten sich in ihren Händen wie eine natürliche Fortführung ihrer Finger. Wenn sie ihre Künste vorführen, weiß man nicht, wo die Seile aufhören und die Hände der beiden beginnen.

Doris lernte ich via Joyclub kennen, weil ich für eins meiner früheren Seminare Experten für unterschiedliche sexuelle Praktiken gesucht hatte. Als sie mich kontaktiert hatte und wir miteinander telefonierten, fühlte sich alles stimmig an. Ich wollte jedoch sicherstellen, dass es sich bei Doris live um die gleiche Energie handelte wie beim Telefonieren, und fuhr mit meinem Mann zu ihrem Einführungsworkshop nach Leipzig. Doris hatte Rolf dabei. Die Harmonie zwischen den beiden, gepaart mit Humor und Verspieltheit, zauberte mir auf Anhieb ein Lächeln ins Gesicht. Ich beobachtete allerdings nicht nur, wie sie miteinander umgingen, sondern auch wie sie die Fesseltechniken erklärten. An jenem Abend konzentrierten sie sich auf Rollenspiele: Wie soll ein unschuldiges Häschen gefesselt werden? Wie wehrt sich ein Rebell in den Fesseln? Es war mir eine Freude, ihre Kunst anzuschauen. Es stellte sich heraus, dass Rolf auch noch ein Yogalehrer ist. Eine bessere Kombination könnte es kaum geben. Also bekam ich den Wunsch, sie als Gastdozenten zu meinem Seminar einzuladen, und so entstand auch unsere Freundschaft, die zu diesem Seminar führte.

Meine Beine und Füße taten nach den vergangenen drei Seminartagen weh. Ich war müde, zugleich aber erleichtert und sehr glücklich. Ich war froh, den letzten Tag Doris und Rolf anzuvertrauen und mich als Teilnehmerin ihrem Geschick zu fügen.

Doris kam herein und sah mich auf meiner Gurumatte liegen. Sie nahm ein Seil, setzte sich vor mir und fing an, ihre eigenen Füße zu fesseln. Ich fragte sie, ob sie sich zutrauen würde, mich zu "verschnüren". Ich wollte wissen, wie es sich anfühlt. Sie schaute mich an und fragte, ob ich ihr vertraue. Ja, antwortete ich. Sie nahm ihr Seil und wickelte es um mich, sie bündelte und fixierte mich, bis ich mich nicht mehr regen konnte. Ich war ihr völlig ausgeliefert.

Mein Mann kam rein und lachte. "Der Guru ist jetzt stillgelegt", sagte er. Wir amüsierten uns, er klatschte mir auf den Hintern.

Das Fesseln löste in mir ein einmaliges Gefühl aus: etwas Meditatives, begrenzt und dennoch frei. Doris befreite mich und ich schaute mir die Spuren, die das Seil auf meiner Haut hinterlassen hatte, an.

Später vor der Gruppe packten Doris und Rolf ihre unzähligen Seile aus und erklärten uns, warum sie sich für die Kunst des Fesselns entschieden haben, was sie einem gebe und auf welche Sicherheitsmaßnahmen man achten solle, bevor man damit beginne. Dann gaben sie allen Paaren Seile und leiteten eine einfache Fixierung ein. Sie wollten den Teilnehmern vorerst die Angst vor dem Seil nehmen. Dann erteilten sie Aufgaben und der Spaß begann.

In der Pause stiegen wir noch tiefer. Ich und die beiden erweiterten die Werkzeugausstellung und packten ein paar harmlose BDSM-Utensilien aus, z.B. unterschiedliche Peitschen und weitere Kleinigkeiten. Die Atmosphäre wurde immer lockerer. Hin und wieder kamen pfiffige Kommentare, die die ganze Gruppe zum Lachen brachten.

Rolf fragte mich, ob er eine meiner Peitschen auf seinem Körper fühlen könne. Daraufhin verwandelte ich mich für 10 Minuten in eine nackte Domina und zog Kreise um ihn. Meine Augen fixierten ihn, um alle seine Emotionen zu erfassen. Dann nahm ich einen Flogger (eine Peitschenart, die normalerweise zum Aufwärmen des Körpers genutzt wird) und ließ ihn sanft über seinen Körper gleiten. Am Anfang sollte er nur das Material kennenlernen. Es war wie ein Tanz: Er stand einfach da und ich kreiste um ihn wie ein Adler, um den perfekten Augenblick fürs Zupacken zu erwischen. Sobald er sich entspannte oder zu langweilen begann, verpasste ich ihm einen Schlag mit dem Flogger: mal leicht zur Warnung, mal etwas fester, mal auf den Hintern, mal auf den Rücken. Er sollte ständig in Spannung bleiben, aber zugleich den Spaß nicht verlieren. Es war eine sehr intime nonverbale Kommunikation, welche eine eigene Art der Verschmelzung ermöglicht, die durch die Augen und den Körper zum Ausdruck kommt. Die Intensität der Schläge stieg mit jeder Umkreisung. Zur Abwechslung schenkte ich ihm ein paar zarte Berührungen zwischendurch.

Doris fesselte währenddessen meinen Mann, damit er loszulassen und zu vertrauen lernte. Sie erlebten eine Verschmelzung durch das Seil.

Nach 10 Minuten war das Spiel zu Ende. Rolf und ich nahmen uns wie zwei Sandkastenkinder an die Hände und hüpften zu unseren Plätzen. Plötzlich wollte jeder den magischen Flogger spüren, der uns so fröhlich machte. Mit einem Lachen stellte sich einer nach dem anderen in die Reihe und ich sollte allen die Ärsche versohlen. Das Gefühl war unbeschreiblich. Es kam mir vor, als würde ich alle Teilnehmer für ihr unartiges Verhalten bestrafen. Da rief eine, dass sie absolut unartig gewesen sei und mehr wolle. "Es ist kein Wunschkonzert", sagte ich und alle lachten.

Wir lachten so viel und die Zeit verflog so schnell ... Der Moment des Abschieds rückte immer näher. Niemand wollte gehen. Umarmungen hörten einfach nicht auf. Alle haben beim Aufräumen des Tempels und Packen mitgeholfen. Sie wollten so lange wie möglich die restliche gemeinsame Zeit genießen. Doch auch hier musste man lernen, wie man loslässt und zurück zum Alltag übergeht. Wir mussten in die Welt der Muggels zurückkehren.

Fazit:

Der vierte Tag hat uns Folgendes gezeigt: Wenn du dich einmal der Freiheit hingegeben und die Fähigkeit, mit dir selbst und mit den anderen verschmelzen zu können, erlernt hast, wird der eigentliche Geschlechtsakt zur Nebensache. Auch die Methoden sind egal, kannst du dich beherrschen: ob durch Slowsex, Tantra, Fesseln, BDSM (Fesseln ist ein Teil der BDSM) oder andere sexuelle Praktiken, projizierst du es in alle Bereiche deines Lebens. Später wirst du erfahren, dass diese Art zu fühlen und dich zu beherrschen sich auch auf deine Familie und Arbeit überträgt. Auf einmal merkst du, dass du das Verständnis für die früher störenden Verhaltensweisen deiner Kinder oder einen nervigen Kollegen aufbringst. Plötzlich hast du das Gefühl, dass alles sich nach dir richtet und voller Klarheit ist. Denn du befindest dich jetzt im Gleichgewicht und bist mit dir im Reinen.

SCHLUSSWORT

Ein Dreierspiel ist die am weitesten verbreitete Fantasie, doch das Kopfkino hat sehr oft nichts mit der Realität zu tun. Die Entscheidung, es zu erleben, beginnt im Kopf. Wie wir im Rahmen meines Seminars gesehen haben, haben alle Teilnehmer mit dem gleichen Wunsch gestartet, doch auf dem Weg dahin sind sie auf Hindernisse gestoßen, die sie vorher nicht ahnen konnten.

Einen rein körperlichen Dreier zu gestalten und zu erleben, ist kein Hexenwerk. Man findet zwei Männer oder zwei Frauen und legt los. Aber schon zu Beginn stößt man auf Fragen wie: Wem soll ich zuerst meine Aufmerksamkeit schenken? Ist der/die andere dadurch beleidigt? Wo soll ich anfangen? Gleich loslegen oder zuerst was zusammen trinken? Wer leitet den Weg zum Bett ein?

So viele Fragen.

Einfach loszulegen geht am schnellsten in einem Swingerclub, aber eine Frau ohne Begleitung würde es höchstwahrscheinlich nicht wagen, weil sie Sicherheit benötigt. Ein Mann dagegen kann sich an ein Paar heranschleichen, dabei aber eine Absage erhalten, was einen demotivieren kann. Wenn es in einem Club dennoch zu einem Dreier kommen sollte, fühlt sich eine unerfahrene Frau mit hoher Wahrscheinlichkeit wie ein Stück Fleisch, das von sexhungrigen Männern auseinandergerissen wird.

Findet ein Paar nach einem angenehmen Gespräch doch einen Spielpartner und sie verschließen sich im Zimmer, kann passieren, dass die Chemie letztendlich nicht stimmt und die Berührungen, im Gegensatz zum Gespräch, sich nicht angenehm anfühlen.

Um einen Dreier so zu erleben, wie unsere Vorstellung es gern hätte, muss man viel lernen. Jeder ist in der Lage, gut zu berühren, und jeder kann es lernen, man muss es nur wollen.

Gebt euren Traum nicht gleich auf, wenn es nicht auf Anhieb klappt. Es konnte auch niemand gleich Fahrrad fahren. Also: probieren, analysieren, schöne Dinge merken und ausbauen.

Viel Glück

Eure Inanna

ÜBER DIE AUTORIN

Im Jahr 2012 beendete ich meine eineinhalbjährige Tantralehrer-Ausbildung. Das Wissen, das mir dort vermittelt wurde, ließ jedoch viele neue Fragen in mir aufkommen. Ich forsche zur Macht unserer Sexualität.

Wie funktioniert unsere Sexualität tatsächlich? Wo könnte ich verschiedene Annahmen darüber ausprobieren, wo beobachten? 2011 begann ich noch während der Ausbildung, meine langjährige Praxiserfahrung zu kanalisieren und selbst Seminare über unsere Sexualität zu geben.
Die Tantra-Seminare, die ich seit 2013 gebe, sind regelmäßig ausgebucht. Jedes Seminar folgt einem

anderen Themenschwerpunkt. Dafür fand ich passende Teilnehmer, die bereit waren, in die Tiefe ihrer Sexualität einzutauchen, um selbst die Macht ihrer Sexualität zu spüren. Mit jedem Seminar lernte ich aber auch selbst dazu.

Um meine Erkenntnisse zu überprüfen, meldeten mein damaliger Freund und ich uns bei verschiedenen erotischen Veranstaltungen, an denen bis zu 1.700 Menschen teilnahmen, an. Es war spannend und auf jeder dieser Veranstaltungen habe ich viel beobachten und erfahren können. Das alles habe ich in einer Analyse zusammengefasst.

Menschen vertrauen mir spontan, fühlen sich verstanden und trauen sich, locker mit mir über ihre tiefsten Bedürfnisse zu sprechen.

Ich biete persönliche Coachings, die ich jedoch auf keinen Fall Sexualtherapie nennen möchte. Therapie ist ein Begriff, der eine Krankheit voraussetzt. Der Wunsch nach einem erfüllten Sexleben ist essenziell! Bei meinem Coaching kläre ich die Missverständnisse auf, die Menschen zu ihrer Sexualität aufgebaut haben.

Ich höre zu, berate und zeige Möglichkeiten, die eigene Sexualität frei auszuleben.

ZUSATZINFORMATIONEN

Tagesablauf als Beispiel für Organisatoren

Dieser Tagesablauf hängte an der Wand für Teilnehmer zur besseren Zeitorientierung. Es darf kopiert werden.

Ablauf

Ankunft Team: 28.09.22, Nachmittag
Ankunft Teilnehmer: 29.09.22, bis 10 Uhr

Anmeldung beim Seminar: 29.09.22 10:00–10:30 Uhr
Seminarstart: 29.09.22 um 11 Uhr
Seminarende: 02.10.22 gegen 16 Uhr

Zeit	Beschreibung	Std.	Notiz
8:00–9:00	Yoga	1	
9:00–10:00	Frühstück	1	
10:00–13:00	Übung, Block 1	3	
13:00–14:00	Mittagessen	1	
14:00–15:00	Pause, Notizen schreiben, Schlafen	1	
15:00–18:00	Übung, Block 2	3	
18:00–19:00	Abendbrot	1	
19:00–20:00	Vorbereitung zum Ritual	1	
20:00–22:00	Abendritual zum Thema	2	

FEEDBACK VON TEILNEHMER

Im Nachfolgenden werden die Grammatik sowie die Rechtschreibung des Originals beibehalten.

AD_87_85

Wer einen Weg zu sich selbst sucht und sich besser kennenlernen möchte, der sollte ein Seminar bei Inanna unbedingt besuchen. Für uns waren die vier Tage befreiend und sehr inspirierend! Wir konnten viele Themen an die Oberfläche bringen und sie uns anschauen. Dabei stand uns Inanna und ihr Team stets zur Seite - wir konnten uns jederzeit auch außerhalb der Workshopzeiten an sie wenden. Inanna hat die Themen und den Ablauf des Seminars an die Gruppe angepasst, sie schien die Bedürfnisse der TeilnehmerInnen zu spüren und hatte immer das richtige Repertoire zur Hand. Dank der vertrauten Atmosphäre, die Inanna geschaffen hat und der tollen TeilnehmerInnen, haben wir uns stets gut aufgehoben gefühlt. Wir kommen gerne wieder!

ET84

Mit einem „flotten" Dreier hatte das Seminar weniger zu tun. Es war achtsam, liebevoll und tantrisch. Es war ein sehr schönes Tantra-Rituale-Seminar. Jedes einzelne Ritual war wundervoll. Es hat uns sehr viel Spaß gemacht, dabei zu sein und sich der Gruppe hinzugeben. Inanna hat uns mit ihrem Wissen und Können uns als Teilnehmer abgeholt und mit einem schöneren Gefühl nach Hause geschickt, als wir gekommen waren. Wir kommen gern wieder.

Vielen Dank liebe Inanna

R5000

Dieses Seminar verdient eine klare Weiterempfehlung. Inanna hat das Seminar grandios geleitet und uns alle an und über Grenzen geführt und das auf eine Weise, die es uns erlaubt hat anzunehmen, was gerade ist ... emotional, energetisch, spielerisch, freudvoll, provokativ und sexuell. Wer auf letzteres wert legt, kommt voll auf seine/ihre Kosten, hat aber 90 % des Seminars verpasst ;-). Danke auch an das tolle Team! Ihr seid der Hammer/die Hammerin *zwinker*

Cassiopeius

Einen Workshop der besonderen Art habe ich gesucht:

Ich wollte raus aus fester Ordnung, fixierten Zeitplänen und Programmen mit Checklisten.

Mal den Kopf und das Grübeln abschalten, den Emotionen Raum zur Entfaltung geben.

Bei Inanna habe ich genau das gefunden: sie hat sehr großes Talent, ihre Seminargruppe aus dem Alltag heraus in die Emotion - und jede einzelne TeilnehmerIn an ihre Grenzen und darüber hinauszuführen. Dabei steht ihr Team immer zum Auffangen bereit.

Ihr Repertoire an Übungen und Ritualen ist so groß, dass sie den Ablauf leicht und locker an die Bedürfnisse, Interessen und Nöte der Teilnehmer anpassen kann.

Ich fühlte mich bei ihr vier Tage lang sehr gut aufgehoben und kann die Workshops von Inanna uneingeschränkt empfehlen.

Ein großes "Danke!" 🙏

Lady_Morgenrot

Ein wirklich besonderes Format.

Das intensive Seminar, welches ich miterleben durfte, hat mich schlicht begeistert. OK, vielleicht ist der Titel etwas irreführend...

Aber er beschreibt eine Option und einen Weg, den Inanna den Seminarteilnehmern aufgezeigt hat. Aber ich würde sagen, es ist viel mehr als eine Anleitung, wie man zu dritt in eine sexuelle Energie kommt... (natürlich ist GV immer freiwillig und nach den Übungen gab es eine Kuschelwiese für Spielfreude)

Vielmehr noch setzt das Seminar Anreize zur emotionalen Weiterentwicklung.

Viele Übungen stammen aus dem Tantra Kontext, dabei geht es aber nicht darum, am Ende eine bestimmte Technik zu erlernen, sondern sich selbst auf eine Entdeckungsreise zu machen, welche auch das Überwinden von Ängsten erkennen und klären von Blockaden beinhalten.

Sicher etwas für Fortgeschrittene, zbw. open mindset people.

Hier ist der direkte Link zu diesem Feedback. Diese kann man auch ohne Anmeldung bei Joyclub lesen.

https://www.joyclub.de/event/1280267.der_flotte_dreier_4_tage_seminar_dippoldiswalde.html#rating

LINKS UND KONTAKTDATEN

Rolf Yogalehrer vom Seminar

Rolf ist Yogalehrer, praktiziert Buddhismus, tanzt Butoh, macht Körper- und Theaterarbeit, er massiert, fesselt und lässt sich fesseln. Yoga haben alle Beteiligten im Seminar übrigens nackt praktiziert. Gemeinsam mit Doris unterrichtet er "Yoga für seilaffine Menschen", ist Gastgeber der Fesselwerkstatt und gibt Workshops im Fesseln und Fesseln-Lassen. Wenn Du ihn für eines der vorgenannten Themen buchen möchtest: iurcoach@gmail.com

Evi und Tom Morawe

Evi und Tom habe ich als offenherziges Paar kennengelernt. Sie sind seit 2008 verheiratet und führen eine offene Ehe. Durch ihre Erfahrungen mit Affären, Sexclubbesuchen und Tantraseminaren haben sie eine moderne Form der Partnerschaft entwickelt. In dieser geht es um Ehrlichkeit, Offenheit, Miteinanderwachsen, Spiritualität und Liebe. In Online- und Live-Workshops zeigen sie neben sexuellen Techniken auch ihre Form der Partnerschaft und greifen dabei auf spirituelle Methoden wie zum Beispiel Tantra, Sexualmagie und Astrologie zurück.

Website ist www.evelynmorawe.com

NACH DEM SEMINAR IST VOR DEM SEMINAR

Meine Vision und Mission

Eigentlich habe ich mir vorgenommen, die Sexualität der Gesellschaft und die Einstellung dazu neu zu revolutionieren. Wir fangen aber mit kleinen Schritten an. Zuerst das Buch, dann vielleicht Tantracamp, dann 500 Leute von der Bühne aus zum Gruppenorgasmus, ohne sie zu berühren, bringen. Wenn das alles gelingt, kann auch an eine Revolution gedacht werden.

Das mit 500 Leuten war übrigens nur Spaß.

Aber was auf mich nach diesem Seminar zukam, würde hier niemand glauben. Das, was für die meisten kleine Wunder sind, ist für mich der Alltag.

Als ich nach dem Seminar das Buch schreiben wollte, musste ich mich auch für ein paar Tage von meiner ganzen Familie in völlige Ruhe entfernen, um Ruhe zu finden. Mein lieber Mann buchte mir für einige Tage ein Hotel mitten im Wald fast für eine Woche, damit ich mich von allen Alltagssorgen entfernen und mich auf das Werk konzentrieren konnte.

Meine tollen Kinder machten bereitwillig mit und ließen sich von Papa bespaßen.

Ich liebe die Natur. Während ich das Buch schrieb, lernte ich den Besitzer des Hotels kennen, und da ich aufgrund von Covid mehrere Tage in einem fast leeren Hotel übernachtete und nur zum Essen das Zimmer verließ, kamen wir beim Frühstück ins

Gespräch. Ich sah neben seinem Hotel ein tolles Seminarhaus und fragte ihn, wie viele Leute hineinpassen würden. Denn die Lage im Wald war einfach himmlisch, die Luft extrem sauber und die Ruhe, die man für so ein Seminar benötigte, ebenfalls gegeben.

Bevor ich ihn "schockierte", wollte ich mich zuerst nach den technischen Möglichkeiten erkundigen. Am nächsten Tag zeigte er mir das Seminarhaus, das für mein Vorhaben aber leider zu klein war, weshalb ich ablehnen musste.

Der Mann wurde neugierig. "Hier hatten wir schon Tische bis zu 45 Personen gestellt", meinte er. Aber um die Tische ging es nicht. Der Raum war einfach zu dunkel und zu klein. Wir sprachen weiter, er war neugierig und löcherte mich mit Fragen. Also erzählte ich ihm schließlich, was der Grund meines Aufenthalts in seinem Hotel war und welche Art von Seminar ich im Schilde führte. Ich erwähnte auch, dass es in meinen Seminaren während bestimmter Übungen durchaus wie in einem Irrenhaus zugehen kann. Am nächsten Tag erklärte er mir, dass er noch ein Hotel in der Nähe habe, das ich mir unbedingt anschauen solle. Dieses könnte seiner Meinung nach zu meinem Vorhaben passen. Es stellte sich heraus, dass er, so wie ich, schon alle möglichen Höhen und Tiefen durchlebte und letztendlich den Weg zu seinem Glück fand. Er würde sehr gern diesen Zustand mit anderen teilen wollen. Er habe die Räume, ich habe das Wissen. Ich konnte es nicht glauben. Wir hätten ein Viersternehotel im Wald mit Pool, Vollverpflegung und

Co. für das Seminar zur Verfügung. Dann fiel mir ein, dass man das zweite Hotel für ein abenteuerliches Kindercamp auch buchen könnte.

Ich wünsche mir, ein Tantracamp mit 50 Teilnehmern anzuleiten. Die Veranstaltung soll 9 Tage dauern, genauer gesagt zwei Wochenenden und eine Arbeitswoche. Da ich merkte, dass Familien mit Kindern gern kommen wollen, aber das Problem mit der Betreuung ihrer Kinder haben, stehen die Kinder automatisch dem Entwicklungsprozess der Eltern im Weg. Wenn Kinder endlich groß und aus dem Haus sind, will man für gewöhnlich keine sexuelle Entwicklung mehr. Warum sollen so wundervolle Wesen wie unsere Kinder uns den Weg versperren? Schließlich haben sie auch etwas davon, wenn ihre Eltern glücklich sind, nicht wahr?

Also hätten wir das Problem mit Kinderunterbringung sofort gelöst. Die zwei Hotels sind nur vier Kilometer voneinander durch den Waldweg entfernt. Falls etwas mit Kindern sein sollte, könnten die Eltern jederzeit schnell reagieren. Für das Kinderprogramm und Betreuung würde auch gesorgt werden. Aber ein Hotel mit 60 Schlafplätzen und ein anderes mit ca. 30 (für Kinder) benötigen ein anderes Konzept. Ich werde mich also auf ein 9-Tage-Abenteuer einlassen, wenn diese 2 Hotels gebucht sind. Das heißt, dass ca. 50 Teilnehmer und 10 Assistenten sich für eine neue Sexualität anmelden würden und auch bereit wären, die Kosten zu tragen. Eine solche Unternehmung würde ich nur zu gerne mit einem einzigartigen Konzept ausstatten. Ich brauche ein Team dafür.

Der Plan sah Folgendes vor:

Wenn sich genug Interessenten fänden, die in einem Luxushotel gerne eine einmalige Erfahrung erleben wollten, würde ich es auf jeden Fall in Angriff nehmen. Wenn nicht, darf das Konzept gern kopiert, verbreitet und verbessert werden.

Wenn dieses Buch als Werbung eingestuft wird, bin ich gern bereit, es als Werbung für die ganze Tantra-Welt und auch für meine Assistenten anzusehen. Für mich ist Tantra die Lebensphilosophie und die Physik der Sexualität.

Es lebe Tantra!

Eure Inanna

Haftungsausschluss

Die Namen im Buch wurden teilweise geändert. Meine Assistenten wollten aber, dass ich deren Arbeit erwähne und in diesem Buch veröffentliche. Deswegen auch die Kontaktdaten von denen, die mir zur Verfügung gestellt wurden.

Das Buch ist auf Grund meiner eigenen Beobachtungen geschrieben und weist somit keine wissenschaftliche Grundlage auf. Es soll lediglich zur Orientierung dienen. Hätte ich noch ein Leben, würde ich es gern der wissenschaftlichen Forschung in diesem Bereich widmen.

Inanna Ling

Buchreihe „Sexuelle Freiheit"

1. Band „Der Flotte Dreier"